Gemma Reece

Das einzig wahre Buch für Freundinnen

Tipps und Tricks für dich und deine Freundin

Gemma Reece

Das einzig wahre Buch für Freundinnen

Tipps und Tricks für dich und deine Freundin

Aus dem Englischen von Cäcilie Plieninger

cbj

ist der Kinder- und Jugendbuchverlag
in der Verlagsgruppe Random House

Die Ratschläge und Anleitungen in diesem Buch sind von den Autoren und dem Verlag sorgfältig geprüft worden, dennoch kann eine Garantie nicht übernommen werden. Eine Haftung der Autorin, Übersetzerin bzw. des Verlags für Personen-, Sach- und Vermögensschäden ist deshalb ausgeschlossen. Bei dem Umgang mit u.a. Scheren, Nähzeug, Küchengeräten und heißen Flüssigkeiten ist Vorsicht geboten. Kinder sollten sich vor der Benutzung dieser Utensilien immer die Erlaubnis von Erwachsenen erteilen lassen sowie Allergien und den allgemeinen Gesundheitszustand bedenken, wenn es um Back- und Kochzutaten geht. Vorsichtsmaßnahmen und Hinweise von Erwachsenen sollte immer Folge geleistet werden, um die eigene Sicherheit und die von anderen zu gewährleisten, vor allem, wenn mit scharfen und heißen Gegenständen umgegangen wird.

MIX
Papier aus verantwortungsvollen Quellen
FSC® C014496
FSC
www.fsc.org

Verlagsgruppe Random House FSC-DEU-0100
Das FSC®-zertifizierte Papier *München Super Extra* für dieses Buch
liefert Arctic Paper Mochenwangen GmbH.

1. Auflage
Erstmals als cbj Taschenbuch Juli 2012
Gesetzt nach den Regeln der Rechtschreibreform

Die englische Originalausgabe erschien unter dem Titel
»The Girl's Book of Friendship. How to be the Best Friend Ever«

Aus dem Englischen von Cäcilie Plieninger
Innenillustrationen: Katy Jackson
Umschlagbilder: Shutterstock (Markus Gann, Olga Drozdova, Danussa, 578foot)
Umschlaggestaltung: *zeichenpool, München
kg · Herstellung: CZ
Satz: Lorenz & Zeller, Inning
Druck und Bindung: GGP Media GmbH, Pößneck
ISBN: 978-3-570-22226-3
Printed in Germany

www.cbj-verlag.de

INHALT

WIE MAN EIN FREUNDSCHAFTS-MEDAILLON BASTELT

Dieses Medaillon kannst du an einem Band um den Hals tragen. Man kann es öffnen und Fotos von Freundinnen hineinkleben. So hast du sie immer bei dir, auch wenn ihr nicht zusammen seid.

Du brauchst dafür:

• eine Schere • einen Bleistift • zwei kleine Fotos von deinen Freundinnen • einen Bogen hübsches Geschenkpapier • ein kleines Metallscharnier 2,5 x 2 cm (aus dem Baumarkt) • ein 50 cm langes Band • Weißleim

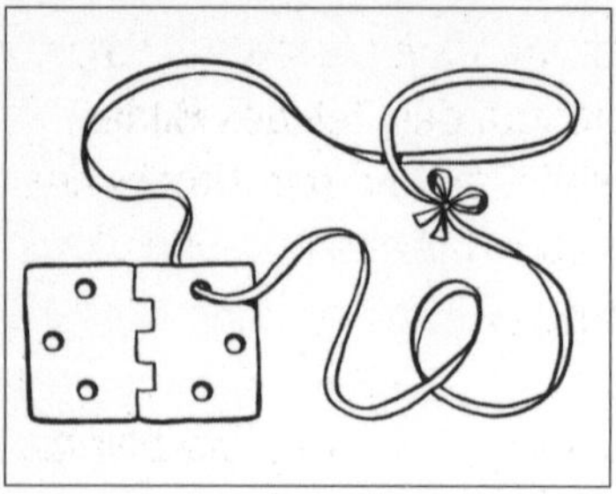

1. Fädle das Band durch eines der Löcher oben am Scharnier.

2. Drehe das Geschenkpapier um, sodass die bedruckte Seite unten liegt. Lege das geöffnete Scharnier darauf und zeichne seinen Umriss nach. Schneide jetzt dieses Stück Papier aus und schneide das Rechteck dann der Breite nach in zwei Hälften, sodass du zwei kleine Rechtecke erhältst.

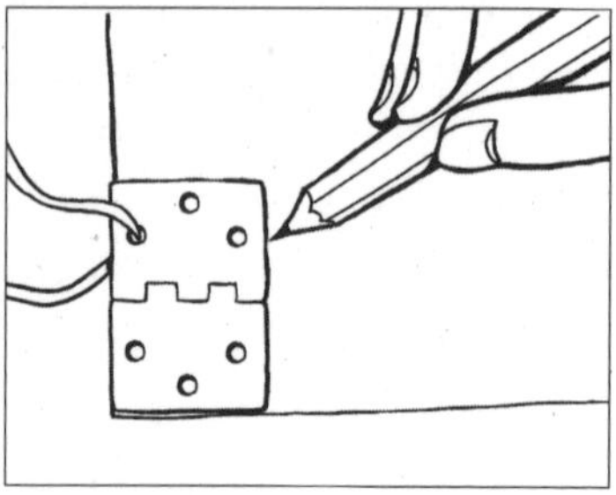

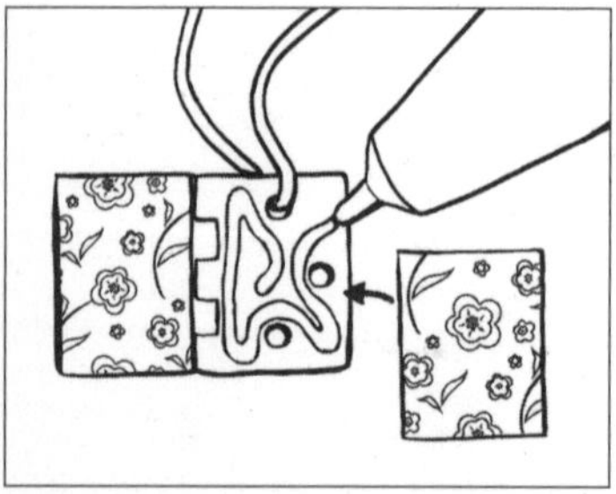

3. Trage auf jeder Scharnierseite eine dünne Schicht Leim auf und klebe die beiden Rechtecke darauf. Solange der Leim feucht ist, kannst du das Papier durch Hin- und Herschieben richtig platzieren. Achte darauf, die beiden Rechtecke nicht zu dicht aneinander zu kleben, damit sich das Medaillon leicht öffnen lässt. Lass dann alles trocknen.

4. Wenn das Scharnier trocken ist, nimm eines deiner Fotos und leg das zugeklappte Scharnier auf den Teil des Bildes, der im Medaillon zu sehen sein soll. Zeichne den Umriss des Scharniers nach und schneide diesen Teil des Fotos aus. Das Gleiche machst du mit dem anderen Foto.

5. Lege nun das Scharnier so auf den Tisch, dass die bereits beklebte Seite unten liegt, und bestreiche die Innenflächen mit einer dünnen Schicht Leim. Nimm eines deiner Fotos vorsichtig an den Rändern in die Hand und klebe es so aufs Scharnier, dass der Kopf zur Mitte zeigt. Mit dem anderen Foto machst du es genauso. Dann lässt du das Medaillon zum Trocknen offen liegen.

6. Sobald der Kleber getrocknet ist, kannst du das Medaillon zuklappen und es dir um den Hals hängen.

WIE MAN EINER FREUNDIN IN NOT HILFT

Eines der wichtigsten Dinge bei einer Freundschaft ist, sich in schwierigen Zeiten gegenseitig beizustehen. Befolge diese Tipps, um dich als vorbildliche Freundin zu erweisen, wenn es deiner besten Freundin schlecht geht.

✓ Sei immer für deine Freundin da. Nimm dir Zeit, um bei ihr zu sein, auch wenn du gerade total beschäftigt bist. Falls sie sehr niedergeschlagen ist, kannst du ja vielleicht deine Pläne ändern, um möglichst viel Zeit mit ihr zu verbringen.

✓ Zeige deiner Freundin, wie viel sie dir bedeutet. Rufe sie an oder schicke ihr eine Karte, wenn ihr euch mal nicht seht. Damit zeigst du ihr, dass du in Gedanken bei ihr bist.

✓ Gib ihr Ratschläge. Wenn sie mit einem Problem zu dir kommt, hilf ihr dabei, es zu lösen. Falls sie ernsthafte Schwierigkeiten hat, ermutige sie, sich an einen Erwachsenen zu wenden, dem ihr beide vertraut.

✗ Sei nicht sauer auf deine Freundin, wenn sie deinen Rat nicht befolgt und sich anders entscheidet. Manche Dinge kann sie doch besser selbst entscheiden und einschätzen, schließlich ist es ihr Leben.

✗ Lass dich nicht ewig darüber aus, wie dir einmal etwas Ähnliches passiert ist. Es geht um das Problem deiner Freundin, also solltest du ihr möglichst viel Zeit geben, um sich auszusprechen.

✓ Decke dich mit reichlich Keksen und Taschentüchern ein. Erlaube deiner Freundin, sich an deiner Schulter auszuweinen, und biete ihr Kekse zur Aufmunterung an (siehe S. 42). Dann geht es ihr sicher bald wieder besser.

WIE MAN GEGENSEITIGES VERTRAUEN AUFBAUT

Wie sehr vertraust du deinen Freundinnen? Mit diesen nicht ganz einfachen, aber spaßigen Vertrauensspielen kannst du es herausfinden! Es geht dabei nicht ums Gewinnen oder Verlieren – ihr müsst alle zusammenarbeiten oder das Spiel ist aus!

ZUSAMMENHALTEN

Das Spiel zeigt, dass das Leben viel einfacher ist, wenn man zusammenarbeitet und sich gegenseitig unterstützt.

Stehe mit deiner Freundin Rücken an Rücken, sodass sich eure Schultern berühren. Hakt euch an den Ellbogen ein.

Versucht nun, euch ganz langsam auf den Boden zu setzen, ohne euch an den Armen loszulassen. Das ist schwieriger, als man denkt.

Wenn ihr es geschafft habt, euch hinzusetzen, versucht, wieder aufzustehen, ohne die Arme voneinander zu lösen. Das ist sogar noch schwieriger und ihr werdet euch womöglich in den seltsamsten Positionen wiederfinden.

Freundschaftstipp: Noch lustiger ist die Übung, wenn eine weitere Freundin mitmacht. Versucht, euch – zu dritt miteinander verhakt – hinzusetzen und wieder aufzustehen. Holt immer mehr Leute dazu, bis alle deine Freundinnen im Kreis vereint sind!

SICH FALLEN LASSEN

Diese Übung ist der ultimative Freundschaftstest. Sie zeigt, dass du dich jederzeit auf deine Freundin verlassen kannst und dass sie dich auffängt, wenn du fällst.

Stehe mit dem Rücken zu deiner Freundin, ungefähr einen halben Meter von ihr entfernt. Sie streckt dann die Arme in deine Richtung aus – bereit, dich aufzufangen. Du brauchst nichts weiter zu tun, als dich in ihre Arme fallen zu lassen. Bei diesem Spiel musst du deiner Partnerin hundertprozentig vertrauen.

Versuche, deinen Körper beim Fallen so durchgestreckt wie möglich zu halten, und mache keinen Schritt nach hinten.

Es hört sich ziemlich einfach an. Du wirst aber schnell merken, dass es eine ganze Weile dauert, bis man sich traut, sich einfach fallen zu lassen!

Freundschaftstipp: Lest auf jeden Fall genau die Anweisungen durch und passt gut aufeinander auf, damit nichts passiert.

MINENFELD DER FREUNDSCHAFT

Das Spiel zeigt dir, dass du Hindernisse überwinden und Unglück vermeiden kannst, indem du auf deine Freundinnen hörst. Ist eure Freundschaft stark genug, um das »Minenfeld« zu überstehen?

Bitte deine Freundin, für ein paar Minuten den Raum zu verlassen.

Während sie draußen wartet, baust du das »Minenfeld« oder die »Hindernisbahn« auf. Belass es möglichst bei einfachen Dingen: Rücke zum Beispiel einen Stuhl in die Mitte des Zimmers, den sie nicht berühren darf, und staple Kissen auf den Boden, an denen sie sich vorbeischlängeln muss.

Wenn du mit deinem »Minenfeld« zufrieden bist, verbinde deiner Freundin die Augen und führe sie herein. Jetzt gibst du ihr Anweisungen, durch die sie auf dem »Minenfeld« umherlaufen kann, ohne an ein Hindernis zu stoßen. Sie muss sich dabei einzig und allein auf deine Hinweise verlassen – Spicken ist nicht erlaubt. Sobald sie ein Hindernis berührt oder etwas umstößt, tauscht ihr die Rollen. Jetzt wartest du draußen und sie baut das »Minenfeld« auf.

DAS NACHAHMERSPIEL

Bei guten Freundinnen darf jede mal die Führung übernehmen. Für dieses Spiel müsst ihr mindestens zu viert sein.

Stelle dich mit deinen Freundinnen im Kreis auf und bitte eine von ihnen, den Raum für ein paar Minuten zu verlassen. Diese Freundin ist die »Beobachterin«. Die übrigen von euch wählen eine als »Anführerin«. Die anderen sind die »Nachahmer«.

Holt die Beobachterin wieder ins Zimmer und nehmt sie in den Kreis auf. Anführerin und Nachahmer beginnen jetzt, die Arme vor und zurück schwingen zu lassen.

Während ihr alle weiterhin die Arme schwingen lasst, macht die Anführerin zusätzlich noch andere kleine Bewegungen, zum Beispiel streckt sie die Zunge raus oder tippt mit dem Fuß auf den Boden. Die Nachahmer müssen die Bewegungen sofort imitieren. Dabei sollte es nicht zu offensichtlich sein, wen sie nachahmen. Die Beobachterin muss durch genaues Hinschauen herausfinden, wer die Anführerin ist.

Sobald die Beobachterin die Anführerin ausgemacht hat, ist diese mit Beobachten dran, und das Spiel beginnt von vorn.

Freundschaftstipp: Um das Spiel superschwierig zu machen, können Anführerin und Nachahmer die Bewegungen absprechen, bevor die Beobachterin wieder den Raum betritt. Dann wissen die Nachahmer, nach welchen Bewegungen sie Ausschau halten müssen, und können sie noch schneller nachmachen.

WIE MAN EIN FREUNDSCHAFTS-SÄCKCHEN MACHT

Das hübsche, mit wertvollen Freundschaftssymbolen gefüllte Säckchen ist einfach anzufertigen, und es ist das perfekte Geschenk für einen Menschen, der dir am Herzen liegt. Du zeigst deiner Freundin damit, wie viel dir die Freundschaft bedeutet.

Du brauchst dafür:

• ein großes sauberes Stofftaschentuch • ein Wollknäuel • ein Stück goldenen Faden oder goldenes Geschenkband • eine kleine Kerze • einen Knopf • ein Pflaster • einen Kieselstein • eine Rolle Tesafilm • ein Blatt Schreibpapier (am besten DIN-A5) • einen Schreibstift

1. Breite das Taschentuch vor dir aus und lege alle Gegenstände außer den Faden, das Papier und den Stift in die Mitte.

2. Nimm das Papier und schreibe darauf in deiner schönsten Handschrift die folgende »Anleitung« für das Freundschaftssäckchen.

DIESES FREUNDSCHAFTSSÄCKCHEN ENTHÄLT:

- Einen goldenen Faden, denn Freundschaft ist der goldene Faden, der uns verbindet
- Ein Wollknäuel, um steinige Wege abzupolstern
- Eine Kerze, denn du bist ein strahlendes Licht
- Ein Pflaster, um verletzte Gefühle zu heilen
- Ein Taschentuch, um deine Tränen zu trocknen
- Einen Kieselstein, denn du bist mein Fels
- Tesafilm, denn er sorgt für Zusammenhalt
- Einen Knopf, denn wenn wir gerade nichts Nettes sagen können, sollten wir unsere Lippen »zuknöpfen«. Reden ist Silber, Schweigen ist Gold!

3. Falte nun das Papier in der Mitte und dann noch ein paar Mal, bis es möglichst klein ist. Dann legst du es zusammen mit den anderen Dingen in die Mitte des Taschentuchs.

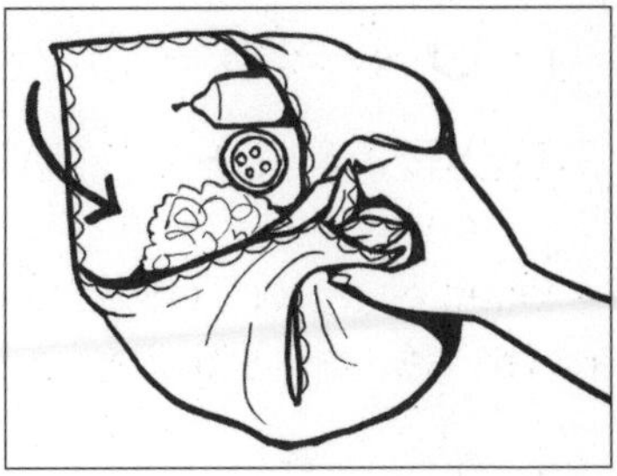

4. Nimm alle vier Ecken des Taschentuchs in die Hand, sodass ein Säckchen entsteht.

5. Binde das Säckchen mit deinem goldenen Faden oder dem Geschenkband zu und mache eine hübsche Schleife.

6. Schenke das Freundschaftssäckchen deiner liebsten Freundin, um ihr zu zeigen, dass du immer ihre beste Freundin sein wirst.

WIE MAN DER WELT ZEIGT, DASS MAN BEFREUNDET IST

Du weißt, wer deine besten Freundinnen sind – und um andere Leute in das Geheimnis einzuweihen, gibt es hier ein paar Top-Tipps. Befolge sie und zeige der Welt damit, an wem dir besonders viel liegt.

DER FREUNDSCHAFTS-HANDSCHLAG

Wenn du in der Öffentlichkeit deine Freundin triffst, könnt ihr mit einem individuellen Handschlag eure Freundschaft demonstrieren. Der Handschlag guter Freundinnen sollte laut und kraftvoll sein, damit ihn andere Leute sehen und hören. Ihr könnt euch entweder selbst einen Handschlag ausdenken oder den folgenden verwenden.

1. Steht euch gegenüber und stoßt die jeweils rechte Faust sanft gegeneinander.

2. Macht dasselbe mit den linken Fäusten.

3. Klatscht die Handflächen der jeweils rechten Hand zusammen und bewegt sie danach langsam nach hinten und zur Seite.

4. Beendet das Begrüßungsritual mit einer herzlichen Umarmung, wobei ihr euch gegenseitig auf den Rücken klopft.

DER FREUNDSCHAFTS-LOOK

Genau die gleichen Klamotten zu tragen wie die Freundin wirkt übertrieben und ist definitiv ein modisches Tabu. Absolut cool ist dagegen, wenn ihr eure Kleidung aufeinander abstimmt. Trägt eine von euch beispielsweise schwarze Jeans und ein weißes Oberteil, trägt die andere weiße Jeans und ein schwarzes Oberteil. Das sieht super aus und ihr werdet viele bewundernde Blicke auf euch ziehen.

MUT ZUR FARBE

Wählt eine Farbe aus, die ihr beide mögt, und tragt nach Möglichkeit jeden Tag irgendein Kleidungsstück oder Accessoire in dieser Farbe. Für die Schule braucht ihr keinen großen Aufwand zu betreiben: Ein rotes Haarband oder ein lila Top unter dem T-Shirt reichen aus, um unaufdringlich eure Freundschaft zu demonstrieren. Am Wochenende könnt ihr euch mit der gewählten Farbe dann so richtig austoben.

EIN ORIGINELLER NAME

Wirklich gute Freundinnen nennen sich nie bei ihrem richtigen Namen, sondern sie legen sich originelle Spitznamen zu. Denkt euch lustige Namen aus, die auf euren richtigen Namen basieren, zum Beispiel »Lillifee« für Lilli oder »Julibaby« für Juliane. Oder ihr verwendet Spitznamen, die mit eurer jeweiligen Persönlichkeit zu tun haben. Wenn etwa eine deiner Freundinnen viel lacht oder kichert, könnte sie »Kichererbse« heißen. Ihr könnt die Dinge auch ruhig ein wenig verdrehen: Warum nicht eine Freundin, die sehr groß ist, »Kleine« oder eine dunkelhaarige Freundin »Blondie« nennen?

Freundschaftstipp: Legt eure Namen unbedingt gemeinsam fest. Einer Person einen Namen zu geben, mit dem sie nicht einverstanden ist oder der ihr nicht gefällt, ist unhöflich und alles andere als cool. Es könnte sie verletzen und sogar eure Freundschaft gefährden.

WIE MAN EIN FREUNDSCHAFTS-WAPPEN ANFERTIGT

Ein Wappen besteht aus Bildern, die den Besitzer des Wappens repräsentieren. Im Mittelalter wurden Wappenschilde von Rittern verwendet, um anzuzeigen, zu welcher Seite sie auf dem Schlachtfeld gehörten. Bastel dir dein eigenes Wappen – als Symbol für deinen Freundeskreis.

Du brauchst dafür:

• einen Pappkarton im Format DIN-A3 • ein Lineal • eine Schere • einen Bleistift • verschiedene Filzstifte • alte Zeitschriften • einen Klebestift • ein Foto von dir und deinen Freundinnen • ein Bild von eurem Wohnort

1. Zeichne mit dem Bleistift die Form des Wappens möglichst groß auf den Karton und schneide es dann aus.

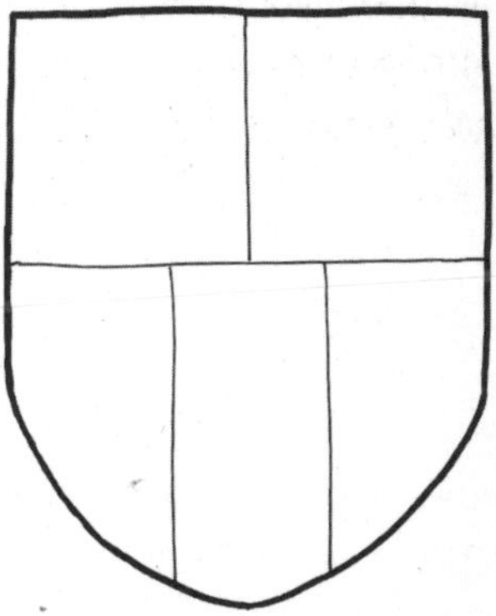

2. Ziehe mit dem Lineal ungefähr in der Mitte des Wappens eine Linie. Die obere Hälfte teilst du ebenfalls in zwei gleich große Flächen.

3. Teile die untere Hälfte des Wappens in drei Flächen. Dein Wappen sollte jetzt aus insgesamt fünf Feldern bestehen (siehe Abbildung).

4. Klebe das Foto von dir und deinen Freundinnen in das linke obere Feld deines Wappens.

5. Blättert gemeinsam alte Zeitschriften durch und sucht ein Bild heraus, das euch allen gefällt. Wenn ihr zum Beispiel total auf Eis steht, versucht, ein Bild mit einem leckeren Eisbecher zu finden. Oder wenn ihr Delfine liebt, sucht ein entsprechendes Bild und schneidet es aus. Solltet ihr kein passendes Bild finden, zeichnet einfach etwas auf ein neues Blatt Papier. Klebt das ausgesuchte Bild in das rechte obere Feld des Wappens.

6. In das linke untere Feld klebt ihr ein Bild von eurem Wohnort. Vielleicht findet ihr eine geeignete Postkarte. Schneidet sie so zurecht, dass sie in das Feld passt, und klebt sie auf. Oder ihr fotografiert ein bekanntes Wahrzeichen eurer Stadt.

7. In das rechte untere Feld kommt das Bild einer Person, die ihr alle bewundert oder verehrt. Wenn es eine Berühmtheit ist, sucht in Zeitschriften nach einem Foto und schneidet es aus. Wenn es jemand ist, den ihr persönlich kennt, macht ein Foto von ihm oder ihr.

8. Jetzt solltet ihr euch ein Motto für euren Freundeskreis überlegen. Ein Motto ist ein Spruch, der das, was euch besonders wichtig ist, auf den Punkt bringt. Zum Beispiel: »Lachen ist das halbe Leben«.

Freundschaftstipp: Euer Wappen ist etwas sehr Kostbares, weil es ein Symbol eurer Freundschaft ist. Bewahrt es abwechselnd auf und hütet es wie euren Augapfel.

WAS FÜR EIN FREUNDINNENTYP BIST DU?

Beantworte die folgenden Fragen für dich selbst und notiere die Antworten A, B oder C auf einem Blatt Papier. Die Ergebnisse zeigen dir, welche Rolle du in deinem Freundeskreis spielst.

1. Deine Freundin fragt dich, wie du das neue Oberteil findest, das sie geschenkt bekommen hat. Sie ist nicht so recht überzeugt davon. Auch du findest, dass sich die Farben total beißen. Was tust du?

A. Du sagst, das Top sei schon sehr gewöhnungsbedürftig, und rätst ihr, es umzutauschen. Du fügst jedoch hinzu, dass sie in allem gut aussieht.

B. Du lachst und versicherst ihr, dass du so etwas nie im Leben anziehen würdest und dass sie das ebenfalls nicht tun sollte!

C. Du schlägst ihr vor, es trotzdem zu tragen und damit einen neuen Stil zu schaffen. Wenn sie das nicht will, dann machst du es!

2. Du siehst, wie ein paar Freundinnen im Park eine Wasserschlacht veranstalten, aber du solltest nach Hause gehen, um dort etwas zu erledigen. Was tust du?

A. Du winkst ihnen zu und rufst, dass du später kommst, wenn du mit deinen Sachen fertig bist.

B. Du rennst in den nächsten Laden, kaufst Luftballons und füllst sie mit Wasser. Dann rennst du zurück zu den anderen und startest eine Attacke.

C. Du läufst unbeirrt weiter und nimmst dir vor, zur Erfrischung kalte Limonade zu trinken, während du deine Aufgaben erledigst.

3. In der Schule steckt dir eine Freundin einen Zettel zu, auf dem steht, dass es ihr sehr schlecht geht. Was tust du?

A. Du triffst dich nach der Schule mit ihr – zusammen mit all deinen anderen Freundinnen –, um sie zu umarmen und herauszufinden, was sie für ein Problem hat.

B. Du umarmst sie, schneidest eine Grimasse und zerzaust dir die Haare, um sie zum Lachen zu bringen.

C. Du schreibst ihr ebenfalls einen Zettel und fragst, was passiert ist.

4. Du hast bald Geburtstag. Was tust du?

A. Du wartest, bis es so weit ist, und nimmst dann ein paar Stücke von deinem Geburtstagskuchen mit in die Schule, um allen etwas davon abzugeben.

B. Du teilst allen mit, wann dein Geburtstag ist, und lädst die ganze Klasse zu einer Party ein.

C. Du bittest deine Eltern, an dem Tag mit dir und deiner besten Freundin ins Schwimmbad zu gehen.

5. Zwei deiner Freundinnen haben sich gestritten. Was tust du?

A. Du redest mit jeder unter vier Augen und sagst ihnen, wie wichtig es dir ist, dass ihr alle Freundinnen seid. Dann bittest du jede von ihnen, die Sache mal aus dem Blickwinkel der anderen zu betrachten.

B. Du kündigst beiden auf der Stelle die Freundschaft und suchst dir neue Freundinnen, die nicht so zickig sind.

C. Du überlässt sie sich selbst und mischst dich nicht ein. Die werden sich schon wieder vertragen – wie immer!

6. Deine Freundin vertraut dir an, dass sie total in einen Jungen aus eurer Klasse verknallt ist. Was tust du?

A. Du hörst dir alles im Detail an und verbringst Stunden damit, dir gemeinsam mit deiner Freundin Möglichkeiten auszudenken, wie ihr dem Jungen auf dem Heimweg »zufällig« begegnen könntet und wie deine Freundin ihn dann in ein Gespräch verwickeln sollte.

B. Du sprichst den Jungen und seine Kumpels sofort an, um dich mit ihm anzufreunden und ihn mit deiner Freundin zu verkuppeln.

C. Du tust gar nichts, außer das Geheimnis für dich zu behalten, schließlich ist es ihre Sache. Jungs interessieren dich sowieso nicht besonders.

7. Das Wichtigste bei einer Freundschaft ist...

A. ... sich in schwierigen Zeiten zu helfen und füreinander da zu sein.

B. ... zusammen zu lachen, sich alberne Spiele auszudenken und überhaupt Spaß zu haben. Je mehr Freundinnen, desto besser!

C. ... wertvolle Zeit mit guten Freundinnen zu verbringen und sich gegenseitig genügend Freiraum für eigene Dinge zu lassen.

MEISTENS A – TRÖSTERIN IN DER NOT

Zu dir kommen alle, wenn sie ein Problem haben. Du bist ruhig und freundlich und liebst es, dich um Menschen zu kümmern und sie zu trösten. Du hast nicht nur eine beste Freundin, sondern fühlst dich in einem kleinen Kreis mit mehreren sehr guten Freundinnen am wohlsten. Manchmal bist du vielleicht ein bisschen zu sensibel.

MEISTENS B – PARTYPRINZESSIN

Dein Freundeskreis wechselt ständig und wird immer größer. Du liebst es, im Mittelpunkt zu stehen und durch lautes und verrücktes Verhalten aufzufallen. Du willst mit deinen Freundinnen Spaß haben und nimmst die Dinge nicht zu ernst. Manchmal neigst du ein bisschen zur Ungeduld. Versuche deshalb, dich zu entspannen und etwas ruhiger zu werden.

MEISTENS C – MISS UNABHÄNGIG

Du hast meistens eine beste Freundin, die dir sehr wichtig ist. Wenn ihr nicht zusammen seid, hast du aber auch kein Problem damit, dir allein die Zeit zu vertreiben. Im Allgemeinen ist es dir egal, was andere Leute über dich denken. Manchmal bist du etwas ungesellig. Gehe ruhig mehr unter Leute.

WIE MAN EINE FREUNDSCHAFTSPIZZA BACKT

Pizzas zum Mitnehmen sind meist ziemlich teuer, und sich auf einen Belag zu einigen, der allen schmeckt, kann ziemlich schwierig werden. Vermeidet Streitereien und spart Geld, indem ihr (am besten zu viert) zusammen eine leckere Pizza selbst backt. Dabei kann sich jede von euch ein Viertel ganz nach ihrem Geschmack belegen.

Ihr braucht dafür:

• 350 g Mehl • 15 g Hefe • 20 g Margarine • 1/2 l Milch • etwas Salz • etwas Zucker • fünf Esslöffel Tomatenmark • für den Belag verschiedene leckere Zutaten, zum Beispiel geriebenen Käse, Schinken, Champignons, Peperoni, Paprika, Oliven, Ananasstückchen, Thunfisch oder Mais

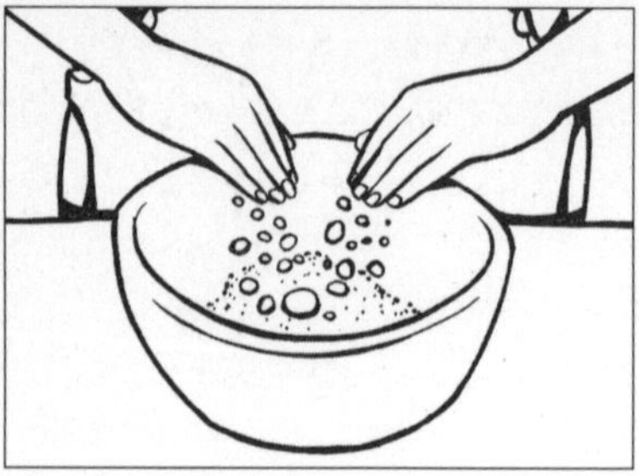

1. Siebt das Mehl in eine Schüssel. Macht mit der Hand oder einem Löffel in der Mitte eine Vertiefung und gebt die zerbröckelte Hefe mit einem Teelöffel Zucker hinein.

2. Übergießt die Hefe mit etwas lauwarmer Milch und verrührt sie mit etwas Mehl, sodass ein flüssiger Vorteig entsteht.

3. Stellt den Vorteig zugedeckt warm und lasst ihn etwa 20 bis 30 Minuten lang gehen.

4. Fügt dann nach und nach die restliche Milch, die Margarine (die ihr vorher aus dem Kühlschrank genommen habt, damit sie nicht mehr so hart ist) und das Salz hinzu. Schlagt den Teig mit dem Knethaken, bis er Blasen wirft und sich von der Schüssel löst.

5. Lasst den Teig erneut gehen (ca. eine Stunde), bis er etwa um das Doppelte seines Umfangs gewachsen ist.

6. Nehmt den Teig aus der Schüssel, legt ihn auf ein gefettetes und bemehltes Backblech und rollt ihn zu einem großen, ungefähr ein Zentimeter dicken Fladen aus.

7. Bittet einen Erwachsenen, den Ofen auf 200 Grad vorzuheizen.

8. Verstreicht das Tomatenmark mit der Rückseite eines Löffels auf dem Pizzafladen.

9. Jetzt kommt der kreative Teil: Jede von euch belegt ihr Pizzaviertel nach Lust und Laune und streut zuletzt Käse obendrauf. Dann bittet ihr einen Erwachsenen, die Pizza für ca. 20 Minuten in den Ofen zu schieben.

10. Bittet einen Erwachsenen, die Pizza aus dem Ofen zu holen. Lasst sie ein paar Minuten abkühlen, dann könnt ihr sie euch schmecken lassen. Guten Appetit!

DIE GOLDENEN REGELN DER FREUNDSCHAFT

Haltet euch an die goldenen Regeln der Freundschaft, dann wird eure Freundschaft ewig währen.

DIE REGELN

✓ Lachen ist die beste Medizin. Du kannst viele Probleme lösen, indem du nicht alles so ernst nimmst. Freundinnen, die zusammen lachen können, bleiben lange zusammen.

✗ Sei keine Tratschtante. Sage nichts hinter dem Rücken deiner Freundin, was du ihr nicht auch ins Gesicht sagen würdest. Solltest du dir allerdings Sorgen um sie machen, kannst du natürlich jemanden um Rat bitten.

✓ Behalte Geheimnisse für dich. Eure privaten Gespräche sollten immer unter euch bleiben, es sei denn, du glaubst, deine Freundin könnte in Gefahr sein.

✗ Jammere deiner Freundin nicht die Ohren voll. Sorge dafür, dass jede von euch genauso viel Zeit zugestanden bekommt, über Probleme und Ereignisse in ihrem Leben zu sprechen.

✗ Stibitze nichts von ihr – ob Süßigkeiten, Klamotten, Ideen oder Freunde. Wenn deine Freundin etwas nicht mit dir teilen will, solltest du das respektieren.

✗ Reite nicht ständig auf ihren Schwächen herum – außer du bist bereit, dir auch deine eigenen Schwächen einzugestehen. Ehrlichkeit gegenüber anderen ist wichtig, aber nur, wenn man bei sich selbst anfängt.

✓ Entwickle dich weiter. Es ist unwahrscheinlich, dass du und deine Freundin immer genau dieselben bleibt und euch für dieselben Dinge interessieren werdet. Doch Abwechslung beugt Langeweile vor.

✗ Sag nicht so etwas wie »Das hab ich dir ja gleich gesagt«, auch wenn deine Freundin etwas tut, was du nicht richtig findest. Versuche, dich in sie hineinzuversetzen, und stehe ihr zur Seite, auch wenn sie deinen Rat nicht befolgt.

✗ Fordere nie Geschenke wieder zurück. Wenn du einer Freundin etwas geschenkt hast, darfst du es nicht wieder zurückverlangen, auch wenn ihr nicht mehr miteinander befreundet seid. Denn das ist so, als würdest du ein Versprechen nicht einhalten.

✓ Lerne zu verzeihen. Wenn deine Freundin deine Gefühle verletzt hat, ist es klar, dass du wütend auf sie bist. Falls sie sich aber dafür entschuldigt, solltest du ihre Entschuldigung annehmen und ihr verzeihen – sofern du den Eindruck hast, dass sie es ehrlich meint.

WIE MAN EIN TEAM-T-SHIRT GESTALTET

Diese tollen und stylishen T-Shirts anzufertigen, ist einfach und macht total viel Spaß! Tragt sie immer, wenn ihr zusammen ausgeht, dann seid ihr ein echter Blickfang.

Ihr braucht dafür:

• Schmierpapier • ein sauberes weißes T-Shirt für jeden von euch • Pappe • einen Bleistift • Stoffstifte • Stofffarben • einen Farbpinsel

1. Überlegt euch gemeinsam einen Namen für euer Team. Notiert eure Ideen und Vorschläge auf einem Blatt Papier. Ihr könnt nehmen, was auch immer euch am besten gefällt. Wenn ihr zum Beispiel alle sportbegeistert seid, könntet ihr die »Sportlichen Schwestern« sein. Oder wenn ihr es mädchenhaft und glitzrig mögt, könntet ihr euch die »Glamour Stars« nennen. Egal, für welchen Namen ihr euch entscheidet, er muss allen gefallen.

2. Überlegt euch als Nächstes ein Emblem – ein Bild, das stellvertretend für euer Team steht. Es sollte unbedingt etwas sein, das ihr alle zeichnen könnt und das zu eurem Teamnamen passt. Wenn ihr euch beispielsweise die »Glamour Stars« nennt, könntet ihr als Emblem eine Krone über einem Stern nehmen (siehe Abbildung).

RAN ANS T-SHIRT

3. Legt nun die Pappe in das T-Shirt, damit der Stoff fester aufliegt. So könnt ihr euer Bild leichter daraufzeichnen und die Farbe färbt nicht auf die Rückseite durch.

4. Zeichnet das Emblem mit dem Bleistift in die rechte obere Ecke des T-Shirts, etwa zwölf Zentimeter unterhalb der Schulter. Schreibt den Namen eures Teams in Blockbuchstaben darunter. Achtet darauf, dass die Schrift groß und gut lesbar ist.

5. Lasst die Pappe noch im T-Shirt und malt mit einem Stoffstift die Schrift des Teamnamens und den Umriss des Emblems nach. Wartet ab, bis beides getrocknet ist.

6. Nehmt nun einen Pinsel und malt das Emblem mit Stofffarbe aus. Legt das T-Shirt zum Trocknen beiseite.

7. Wenn alles trocken ist, könnt ihr die Rückseite gestalten (immer noch mit der Pappe im T-Shirt). Schreibt mit dem Bleistift eure Namen oder Spitznamen (siehe S. 22) in fetten Buchstaben quer über die Schulterpartie des T-Shirts. Zeichnet dann euer Emblem darunter (größer als auf der Vorderseite). Unter das Emblem schreibt ihr wieder euren Teamnamen.

8. Zeichnet mit einem Stoffstift den Teamnamen und den Umriss des Emblems nach und lasst es trocknen.

9. Malt wie zuvor das Emblem mit Farbe aus und lasst es trocknen.

10. Um das Motiv zu fixieren, solltet ihr genau die Anweisungen auf der Packung der Stofffarben und Stoffstifte befolgen. Dann kann das T-Shirt problemlos immer wieder gewaschen werden. Die meisten Stofffarben werden fixiert, indem man ein altes Baumwolltuch auf das Motiv legt und mit einem heißen Bügeleisen darüberbügelt. Bittet einen Erwachsenen, das für euch zu tun.

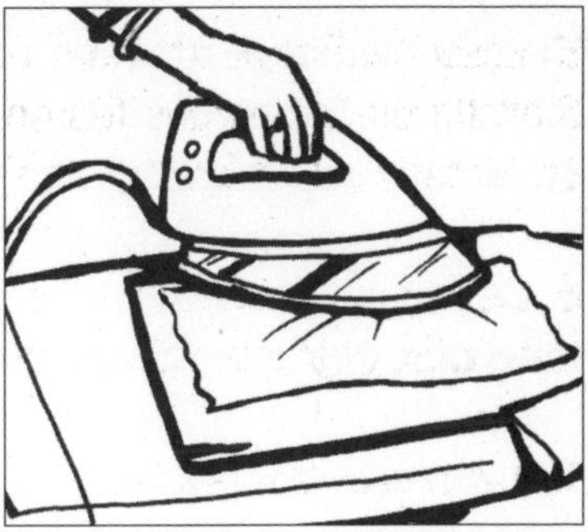

Freundschaftstipp: Ihr könnt euer Team-T-Shirt auch mit Pailletten, Knöpfen oder Schleifen verzieren. Am besten ist es, sie mit Stoffkleber auf das T-Shirt zu kleben.

WIE MAN MIT EINER VAMPIRIN BEFREUNDET IST

Vampire mögen einen schlechten Ruf haben, aber ehrlich gesagt, sie sind auch ziemlich cool: Sie können fliegen, tragen tolle dunkle Klamotten und dürfen jeden Abend so lange aufbleiben, wie sie wollen! Beherzige diese Top-Tipps, dann hast du schon bald eine brandneue, blutsaugende Kameradin!

Finde heraus, wo die Vampire herumhängen. Halte auf Friedhöfen oder Burgen deiner Gegend nach ihnen Ausschau. Strände oder Spielplätze sind tabu. So viel Sonnenlicht ist tödlich für ihre helle Haut.

Vermeide Pizzerien. Vampire nennen sie »Knoblauchzentren« und sie hassen Knoblauch. Wenn du mit einer Knoblauchfahne herumläufst, machen alle Vampire garantiert einen großen Bogen um dich!

Wähle die richtige Kleidung. Am besten sind dunkle Farben. Schmuck ist okay, aber lass die Finger von allem, was die Form eines Kreuzes hat, wenn du deine Vampirfreundin nicht vor den Kopf stoßen willst. Vampire fürchten sich vor Kruzifixen.

Versuche nicht, deine neue Freundin davon zu überzeugen, ihr Outfit zu ändern. Du wirst dadurch nur ihre Vampirgefühle verletzen. Vampire »leben« sehr lange, also stylen sie sich vielleicht schon seit Jahrhunderten so.

Schütze ihre Identität. Wenn du den Verdacht hast, dass deine Freundin eine Vampirin ist, behältst du es am besten für dich. Manche Leute drehen durch bei der Vorstellung, mit Untoten befreundet zu sein!

Versuche nicht, deine Vampirfreundin zu fotografieren. Das wird dir nämlich nicht gelingen. Echte Vampire lassen sich weder digital noch auf Film einfangen und die meisten sieht man nicht einmal im Spiegel.

Vermeide es, bei deiner Vampirin zu übernachten. Bei Vampiren zu übernachten ist kein allzu großes Vergnügen – es sei denn, du willst den ganzen Tag über versuchen, in einem staubigen Sarg einzuschlafen. Lass deine Vampirfreundin lieber bei dir zu Hause übernachten. Jemanden zu haben, der dir Gesellschaft leistet, wenn du mal Lust auf einen Mitternachtsimbiss verspürst, ist doch eine tolle Sache.

Komm deiner Freundin nicht zu nahe. Umarmungen sind okay, aber hüte dich vor ihren Wangenküssen. Sag einfach: »Lass mal, du Vampirzahn!«

WIE MAN FREUNDSCHAFTSKEKSE BACKT

Es heißt, Liebe geht durch den Magen. Um dich also bei deinen Freundinnen total beliebt zu machen, brauchst du nur eine Ladung leckerer Freundschaftskekse zu backen. Nimm eine Dose voll mit, wenn du dich mit deinen Freundinnen triffst, und sie werden dich garantiert schon bald um das Rezept bitten!

Du brauchst dafür:

• 250 g Haferflocken • 125 g Schokoladenstückchen • 125 g braunen Zucker • 2 Eier • 125 g weiche Butter

1. Bitte einen Erwachsenen, den Ofen auf 200 Grad vorzuheizen.

2. Mische die Haferflocken, die Schokoladenstückchen und den Zucker in einer großen Schüssel.

3. Schlage die Eier in eine kleine Schüssel, indem du sie an den Schüsselrand schlägst, bis die Schale bricht. Dann ziehst du die beiden Hälften vorsichtig auseinander.

4. Verrühre die Eier mit einer Gabel, bis Eigelb und Eiweiß gut vermischt sind.

5. Rühre das geschlagene Ei langsam in die Haferflockenmischung ein und füge dann nach und nach die Butter hinzu (tu dies mit einem großen Rührlöffel oder mit einem elektrischen Handmixer). Dabei rührst du ständig um, bis ein fester Teig entsteht.

6. Forme mit den Händen kleine kastanienförmige Kugeln und drücke sie auf ein mit Backpapier ausgelegtes Backblech.

7. Bitte einen Erwachsenen, das Blech in den Ofen zu schieben, und lass die Kekse dort acht Minuten lang backen.

8. Bitte einen Erwachsenen, das Blech aus dem Ofen zu holen, und lasse es abkühlen.

9. Wenn die Kekse nicht mehr heiß sind, kannst du sie mit einem Heber vom Blech nehmen. Füll sie in eine luftdichte Dose und nimm diese mit zu deinen Freundinnen – guten Appetit!

Freundschaftstipp: Du brauchst keinen besonderen Anlass zum Keksebacken. Die Plätzchen sind ideal, um deinen Freundinnen eine Freude zu machen. Es ist wissenschaftlich erwiesen, dass Haferflocken und Schokolade Stoffe enthalten, die eine aufmunternde Wirkung haben. Warum solltest du also einer Freundin, die niedergeschlagen ist, nicht eine Ladung Kekse mitbringen? Diese Leckerbissen zaubern garantiert ein Lächeln auf ihr Gesicht!

WARUM JEDER GUTE FREUNDE BRAUCHT

Man muss nicht das beliebteste Mädchen der Schule sein, und man braucht auch kein Adressbuch, das so dick wie ein Telefonbuch ist. Aber jeder sollte ein paar gute Freunde haben, die mit einem durch dick und dünn gehen. Hier erfährst du, warum:

FREUNDSCHAFT HEISST ...

... über deine größten Ängste sprechen zu können und festzustellen, dass du sie mit jemandem teilst.

… gemeinsam über einen Witz, den sonst niemand lustig findet, zu lachen, bis euch die Tränen kommen und ihr Bauchweh bekommt.

… mit jemandem über deine intimsten Geheimnisse zu sprechen und dich darauf verlassen zu können, dass niemand anderes je davon erfahren wird.

… zu merken, dass deine Freundin niedergeschlagen ist, noch bevor sie dir erzählt, was los ist.

… jemanden zu haben, der dich darauf aufmerksam macht, dass dein Rock in deiner Unterhose festhängt, bevor jemand anderes das Missgeschick bemerkt.

… zum einen gemeinsam über den Hausaufgaben zu brüten und zum anderen gemeinsam die Geburtstagstorte zu verputzen.

… fantastische Pläne fürs Wochenende und die Schulferien zu schmieden.

… die Gewissheit zu haben, dass deine Freundin dich nicht auslacht, wenn du mal der Länge nach hinfällst, auch wenn alle anderen sich darüber kaputtlachen.

… im Urlaub lange Briefe an deine Freundin zu schreiben und ihr alle Neuigkeiten zu berichten.

… jemanden zu haben, mit dem du im Kino eine Riesentüte Popcorn verputzen kannst.

… nicht bis zum nächsten Tag abwarten zu können, um deiner Freundin eine Neuigkeit zu erzählen, weshalb du dich gleich nach der Schule hinters Telefon klemmst.

… jemanden zu haben, der dich so gut kennt, dass es fast schon beängstigend ist – sie weiß schon, was du sagen oder tun wirst, noch bevor du es selbst weißt.

… zu wissen, dass sie immer für dich da sein wird, selbst wenn du etwas gründlich vermasselst.

WIE MAN EINE FREUNDSCHAFTS-BLUME BASTELT

Triff dich mit deinen besten Freundinnen, um eine witzige Freundschaftsblume zu basteln, die ewig hält.

Ihr braucht dafür:

• eine Schere • eine Untertasse • einen Bleistift • mehrere dünne Pappkartons in verschiedenen Farben • einen Klebestift • einen Schreibstift

1. Jede von euch sucht sich einen farbigen Karton aus. Legt nacheinander die Untertasse auf euren Karton und zeichnet mit dem Bleistift den Umriss nach (wenn ihr mehr als eine Untertasse und einen Bleistift zur Hand habt, könnt ihr auch gleichzeitig zeichnen).

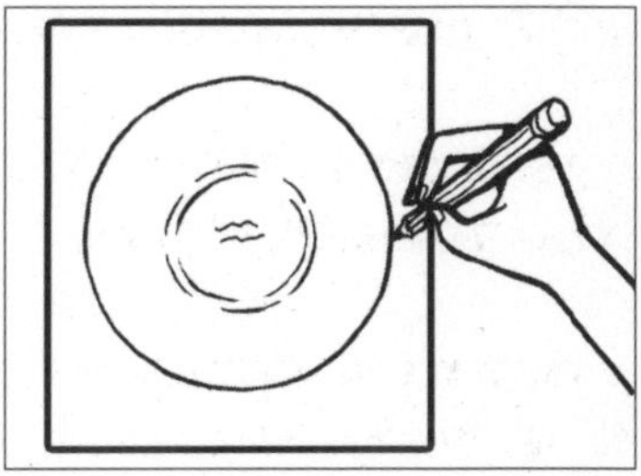

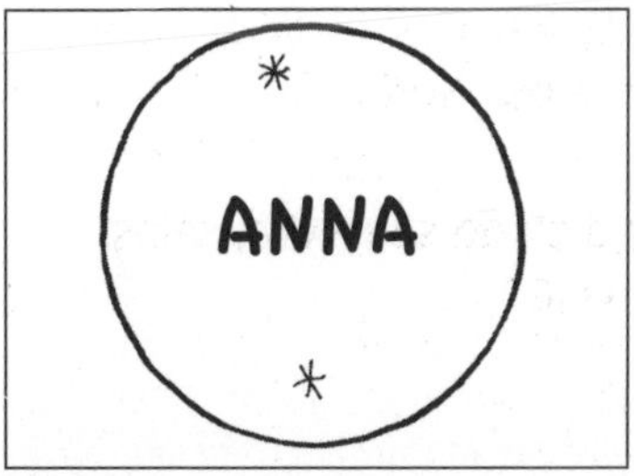

2. Schneidet eure Kreise aus. Dann schreibt ihr jeweils in fetten Buchstaben euren Namen in die Mitte des Papierkreises. Dies ist sozusagen das Zentrum der Freundschaftsblume.

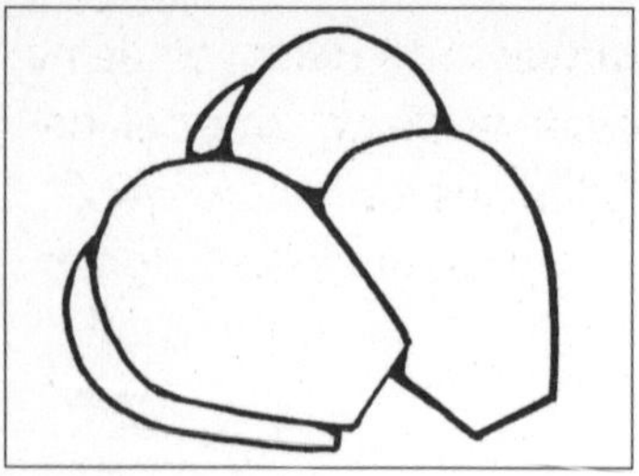

3. Schneidet aus dem restlichen Karton Blütenblätter aus. Am einfachsten geht es, wenn ihr zuerst ein Blatt ausschneidet und dieses als Schablone für die anderen verwendet. Eure Blütenblätter können jede beliebige Form haben. Achtet aber darauf, dass genügend Platz ist, um etwas daraufzuschreiben.

4. Sobald jede von euch mindestens fünf Blütenblätter ausgeschnitten hat, kommt der spaßige Teil: Wähle eine deiner Freundinnen aus und sage laut ihren Namen. Die anderen schreiben nun jeweils eine Sache, die sie an dieser Freundin toll finden, auf eines ihrer Blütenblätter. Zum Beispiel: »Sie kann die ulkigsten Grimassen schneiden« oder »Sie spielt super Fußball«. Wenn ihr fertig seid, gebt ihr dem betreffenden Mädchen euer Blütenblatt.

5. Wiederholt das Ganze für jede Freundin. Fahrt so lange damit fort, bis jede von euch fünf beschriftete Blütenblätter vor sich hat.

6. Tragt auf den unteren Rand jedes Blütenblatts eine dünne Schicht Kleber auf und klebt es auf die Rückseite eures Papierkreises, sodass die Schrift vorne nicht verdeckt wird.

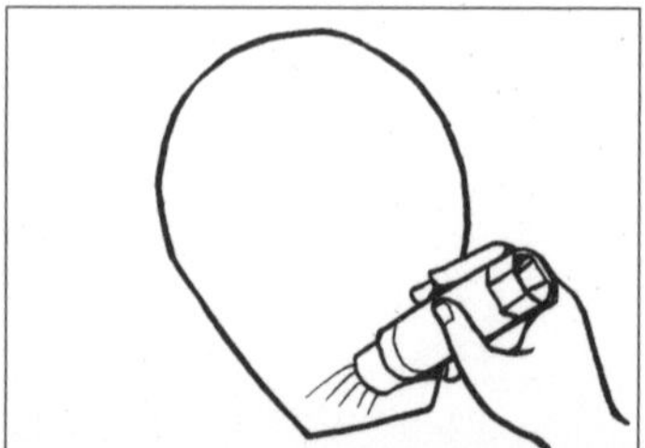

7. Nun kannst du deine Blume entweder zu Hause an deine Zimmerwand kleben, oder du bewahrst sie an einem sicheren Ort auf, um sie immer dann griffbereit zu haben, wenn du daran erinnert werden möchtest, was für ein besonderer Mensch du bist.

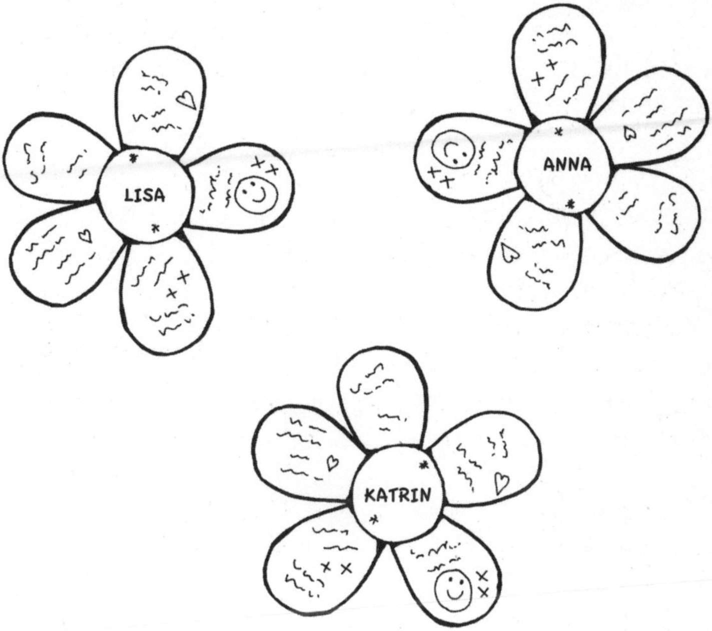

WIE MAN DIE KRAFT EINER FREUNDSCHAFT NUTZT

Freundinnen sind gut zum Lachen und Quatschen. Aber hast du gewusst, dass du die Kraft einer Freundschaft auch nutzen kannst, um deine kühnsten Träume zu verwirklichen?

GEMEINSAM ZIELE ERREICHEN

Ob man sein Taschengeld für etwas Besonderes sparen oder eine schwierige Tanzbewegung erlernen will – einige Ziele scheinen unerreichbar. Doch genau in solchen Fällen könnt ihr von der Kraft der Freundschaft profitieren!

1. Lade ein paar Freundinnen mit ähnlichen Zielen zu dir ein und legt einen Tag und eine Uhrzeit für eine wöchentliche »Sitzung« fest. Montagnachmittag ist zum Beispiel eine gute Zeit, dann könnt ihr mit viel positiver Energie in die neue Woche starten.

2. Vereinbart ein gemeinsames Ziel – zum Beispiel euch die Nägel bis zu den Fingerspitzen wachsen zu lassen – und setzt einen Termin fest, bis wann ihr das Ziel erreicht haben wollt.

3. Leg eine Tabelle an. Schreib die Namen deiner Freundinnen in die oberste Reihe und das Datum jedes Treffens in die linke Spalte von oben nach unten. Füg noch ein paar Zeilen hinzu, in die du bei jeder Sitzung den Stand der Dinge eintragen kannst.

4. Bei jedem Treffen berichtet ihr nacheinander, wie es euch geht und wie ihr vorankommt. Nutzt diese Zeit, um euch gegenseitig anzuspornen und Tipps zu geben. Wenn du zum Beispiel einen speziellen Nagellack gegen Nägelkauen entdeckt hast, hast du jetzt die Chance, den anderen das Geheimnis zu verraten. Dokumentiere in deiner Tabelle sämtliche Fortschritte deiner Freundinnen.

5. Sobald die Tabelle voll ist, könnt ihr gemeinsam euren Erfolg feiern, auch wenn vielleicht nicht jede von euch ihr Ziel hundertprozentig erreicht hat.

ZWEI KÖPFE SIND BESSER ALS EINER

Dank der Kraft der Freundschaft könnt ihr selbst die langweiligsten Arbeiten leichter erledigen, sodass sie mehr Spaß machen. Jede von euch hat ihre Stärken. Hier erfahrt ihr, wie ihr diese unterschiedlichen Fähigkeiten dazu nutzen könnt, eure Freundschaft zu einer geballten Kraft zu machen, die keine Grenzen kennt!

✓ Arbeitet im Team. Wenn ihr beispielsweise an einem Schulprojekt arbeiten müsst und nicht wisst, wie ihr anfangen sollt, vereinbart einen »Gehirn-Powertag«. Trefft euch an diesem Tag in der örtlichen Bibliothek oder bei einem von euch zu Hause und tragt alles zusammen, was euch zu dem Thema des Schulprojekts einfällt. Dabei entstehen oft die besten Ideen!

✓ Helft euch gegenseitig. Wenn du zum Beispiel ein Mathe-Ass bist, deine Freundin dagegen mit Zahlen auf Kriegsfuß steht, hilf ihr bei ihren Mathehausaufgaben. Dafür kann sie dir dann bei etwas helfen, was dir schwerfällt und für sie ein Kinderspiel ist. So seid ihr superschnell mit den Hausaufgaben fertig und habt sogar noch Spaß dabei!

✗ Schreibt auf keinen Fall voneinander ab. Wenn der Lehrer oder die Lehrerin es merkt, könntet ihr ernsthafte Schwierigkeiten bekommen.

WIE MAN STREIT SCHLICHTET

Selbst die besten Freundinnen streiten sich hin und wieder mal. Stell dir vor, zwei deiner besten Freundinnen sprechen kein Wort mehr miteinander. Das ist nicht sehr spaßig, vor allem wenn von dir erwartet wird, für eine Seite Partei zu ergreifen. Gründet euer eigenes »Freundschaftsgericht« und beendet so einen Streit schnell und fair!

JEDE GESCHICHTE HAT ZWEI SEITEN

1. Lade die Streithähne und alle deine anderen Freundinnen zu dir nach Hause ein.

2. Wenn alle da sind, bitte eine deiner Freundinnen, den Vorsitz zu führen, oder übernimm selbst diese Rolle. Die anderen sind die Jury.

3. Sobald alle Rollen verteilt sind, bekommt jede der Streitenden drei Minuten Zeit, die Geschichte aus ihrer Sicht zu erzählen. Die Vorsitzende muss dafür sorgen, dass die Streithähne ruhig bleiben und alle notwendigen Informationen liefern – etwa was ihrer Meinung nach vorgefallen ist und warum sie sich wie verhalten haben.

DIE ENTSCHEIDUNG

4. Die Streitenden müssen nun das Zimmer verlassen, während die Vorsitzende und die Jury über das weitere Vorgehen entscheiden. Versucht bei der Diskussion, beide Seiten zu berücksichtigen. Denkt daran: Das Hauptziel ist, dass ihr alle Freundinnen bleibt. Eure Aufgabe ist es, einen Weg zu finden, um dieses Ziel zu erreichen. Angenommen, Freundin A hat sich von Freundin B ein Top ausgeliehen und aus Versehen ein Loch hineingemacht. Da es offenbar nur ein Missgeschick war, könntet ihr zum Beispiel beschließen, dass Freundin A das Top nicht ersetzen muss, sondern Freundin B sich von Freundin A ein Teil ihrer Wahl ausleihen darf.

DAS URTEIL

Sobald ihr zu einer Entscheidung gelangt seid, holt die zerstrittenen Freundinnen wieder herein und teilt ihnen euer »Urteil« mit. Fordert sie auf, sich die Hände zu reichen oder zu umarmen – und sich dabei anzulächeln.

Freundschaftstipp: Möglicherweise finden die Streithähne, nachdem sie sich gegenseitig angehört haben, selbst eine Lösung für ihr Problem. Was auch immer passiert, urteilt nicht zu streng, sonst riskiert ihr, dass der Streit weitergeht oder sogar noch schlimmer wird.

WIE MAN EIN FREUNDSCHAFTS-BÄNDCHEN MACHT

Diese coolen Armbänder könnt ihr in null Komma nichts anfertigen und sie sind ideale Geschenke. Sie zusammen anzufertigen, macht am meisten Spaß!

Du brauchst dafür:

• eine Schere • eine Aktenklammer • einen starken Pappkarton • Stickgarn in fünf verschiedenen Farben • ein Lineal

1. Schneide von einem der Garne einen 45 Zentimeter langen Faden ab. Nimm ihn als Maß und schneide von den anderen Garnen jeweils einen ebenso langen Faden ab.

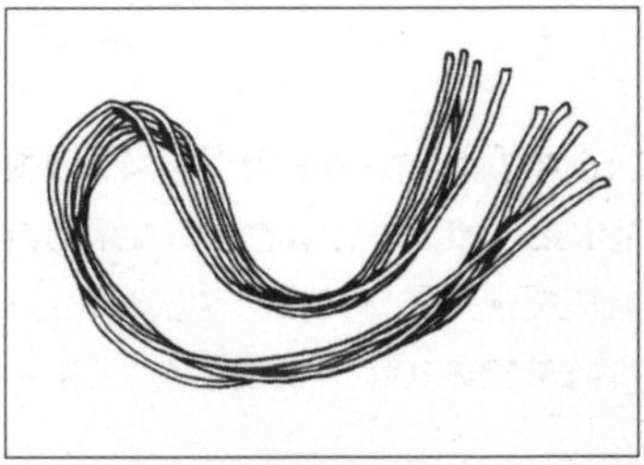

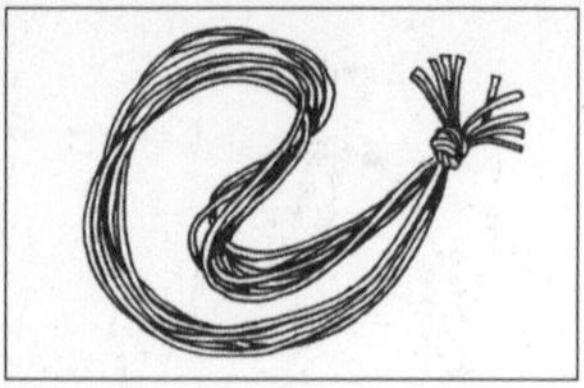

2. Nimm alle fünf Fäden in die Hand und lege sie auf die halbe Länge zusammen. Mache circa fünf Zentimeter von den losen Enden entfernt einen Knoten.

3. Klemme das verknotete Ende mit der Aktenklammer an die Pappe, sodass die restlichen Fäden herunterhängen.

4. Trenne die Farben voneinander und wickle drei Farben um den Zeige-, Mittel- und Ringfinger der rechten Hand, dann die restlichen zwei Farben um den Zeige- und Mittelfinger der linken Hand.

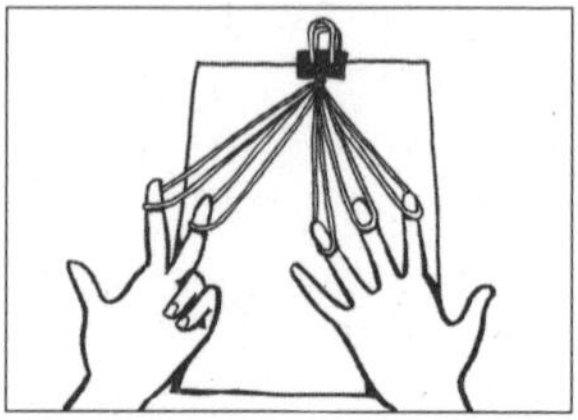

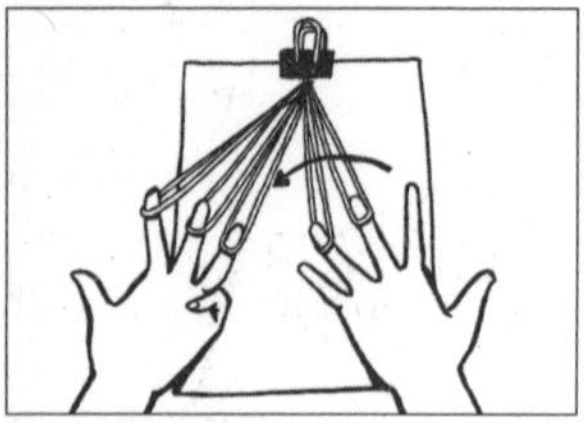

5. Schiebe den Faden vom Zeigefinger der rechten Hand auf den leeren Ringfinger der linken Hand (siehe Abbildung). Achte darauf, dass die Fäden gleichmäßig und straff gespannt bleiben, damit sie sich nicht verheddern.

6. Platziere die Fäden der rechten Hand jeweils einen Finger weiter, sodass sie nun am Zeige- und Mittelfinger sind.

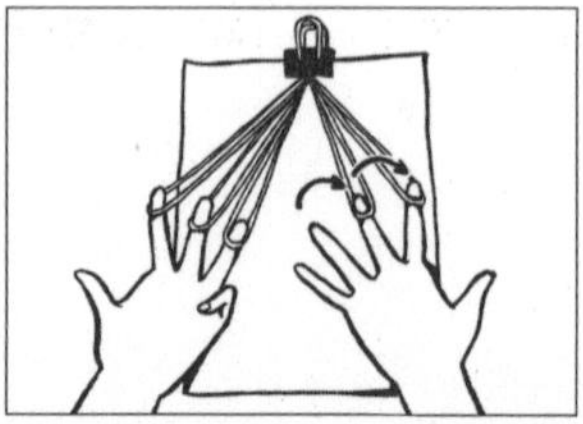

7. Jetzt schiebst du den Faden vom Zeigefinger der linken Hand auf den Ringfinger der rechten Hand. Halte die Fäden dabei weiterhin straff gespannt.

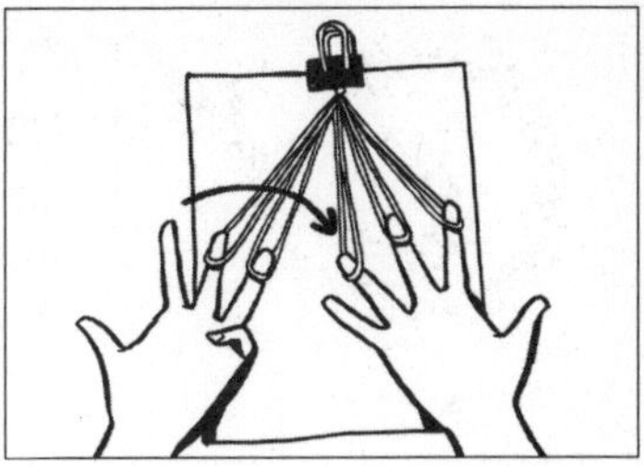

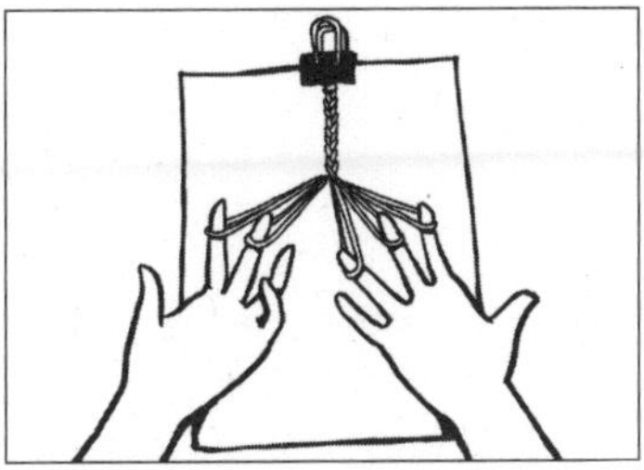

8. Wiederhole die Schritte 5 bis 7 und fahre damit so lange fort, bis nur noch ungefähr fünf Zentimeter der Fäden lose sind. Das Armband müsste jetzt lang genug sein.

9. Entferne die Klammer an der Pappe und lege das Armband um das Handgelenk deiner Freundin. Mache anschließend einen Doppelknoten, damit es hält.

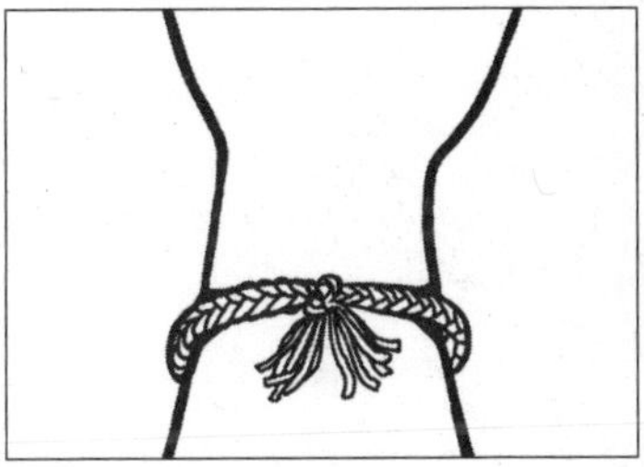

10. Nachdem ihr euch die Armbänder umgebunden habt, tragt sie so lange wie möglich – als Zeichen eurer Freundschaft.

SPASS MIT ERDACHTEN FREUNDEN

Du hast bestimmt gute Freundinnen, Brieffreundinnen und vielleicht sogar ein paar männliche Freunde. Aber hast du gewusst, dass du auch mit jemandem befreundet sein kannst, der nur in deiner Fantasie existiert? Aus den folgenden Gründen sind erdachte Freunde eine wunderbare Sache.

- Du brauchst dich nicht auf »normale« Freunde zu beschränken. Warum solltest du dich nicht mit einer Berühmtheit oder einem Tier anfreunden?

- Deine imaginäre Freundin wird niemals deinen Stil kopieren. Du kannst sie nach deinem Geschmack stylen, und sie wird nicht mit dir streiten.

- Sie ist immer bei dir. Ihr könnt jede Nacht eine Pyjama-Party machen, wodurch die furchterregenden Gewitter plötzlich gar nicht mehr so schlimm zu sein scheinen.

Freundschaftstipp: Statt ein Tagebuch zu führen, kannst du deine Gefühle und Gedanken in Form von Briefen an deine imaginäre Freundin niederschreiben. Du wirst feststellen, dass du viel mitteilsamer bist, wenn deine Gedanken an ein freundliches Ohr gerichtet sind.

WIE MAN EIN FREUNDSCHAFTS-SCHÄCHTELCHEN BASTELT

Schenke diese besondere Schachtel einer Freundin als Versprechen dafür, immer für sie da zu sein.

Du brauchst dafür:

• eine leere Streichholzschachtel • eine Schere • einen Bleistift • ein gemeinsames Foto von dir und deiner Freundin • einen Klebestift • buntes Geschenkpapier • ein kleines Blatt farbiges Schreibpapier • Konfetti • Geschenkband

1. Ziehe den inneren Teil der Streichholzschachtel heraus und lege ihn auf dein Foto. Zeichne mit dem Bleistift den Umriss der Streichholzschachtel nach. Dann schneidest du das Foto aus, bestreichst die Rückseite mit dem Klebestift und klebst es innen in die Schachtel.

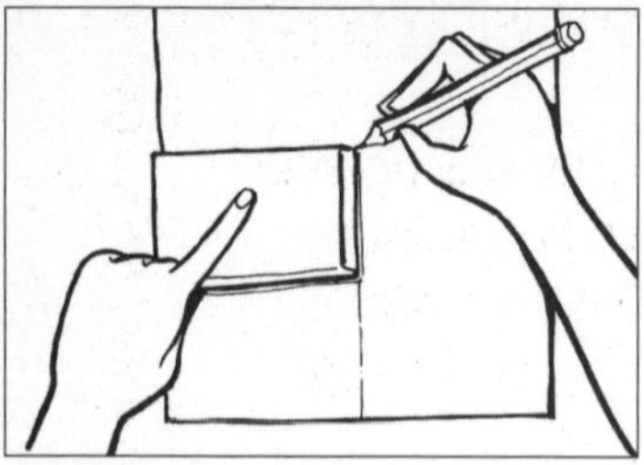

2. Lege die Streichholzschachtel nun auf die Rückseite des Geschenkpapiers, und zwar längs in die linke untere Ecke, und zeichne den Umriss nach. Schiebe die Schachtel dann ein Stück weiter nach oben, sodass ihre untere Kante auf der oberen Umrisslinie liegt. Dann zeichnest du wieder den Umriss der Schachtel nach. Dasselbe wiederholst du noch einmal, sodass du am Ende ein langes Rechteck aus drei nachgezeichneten Streichholzschachteln erhältst.

3. Schneide das Papierrechteck aus und bestreiche die Seite ohne Muster mit einer dünnen Schicht Klebstoff.

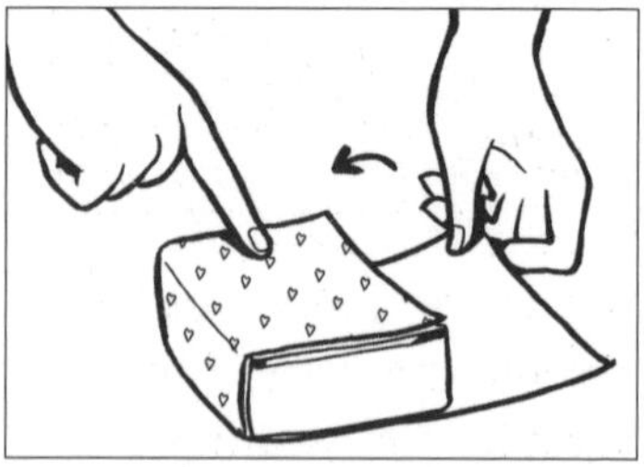

4. Lege den äußeren Teil der Streichholzschachtel an die untere Kante des Papierrechtecks und wickele das Papier sorgfältig um die Schachtel. Streiche mit dem Finger nach, damit das Papier überall richtig haften bleibt und sich keine Falten bilden. Lasse das Ganze eine Weile trocknen.

5. Schreib währenddessen das folgende Gedicht in deiner schönsten Handschrift auf das Schreibpapier. Natürlich kannst du auch selber etwas dichten.

DAS FREUNDSCHAFTSGEDICHT

Die Botschaft hier in dieser Schachtel
Sie ist nur für dich bestimmt.
Bewahre sie im Herzen gut
Falls wir mal nicht zusammen sind.

Wenn du einmal traurig bist
Soll das Schächtelchen dir sagen:
Auch in schlechten Zeiten bin ich bei dir
Also brauchst du nicht verzagen.

6. Fülle die Schachtel mit Konfetti auf – das rieselt dann heraus, wenn deine Freundin nachsieht, was darin ist.

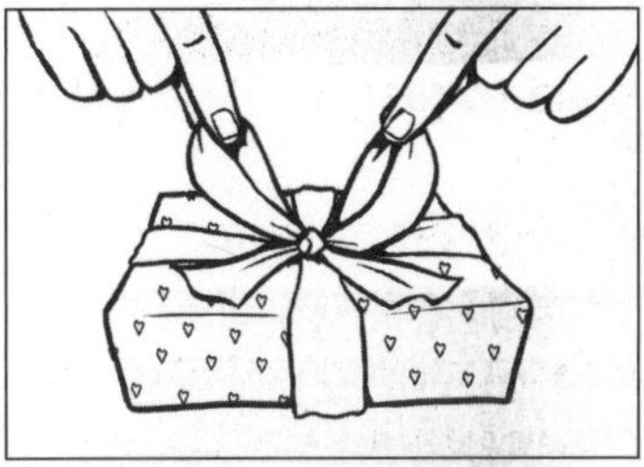

7. Schiebe das Schächtelchen in die äußere Hülle und binde ein Band darum. Mache am Schluss eine hübsche Schleife.

Freundschaftstipp: Du kannst solch eine Freundschaftsschachtel auch verschenken, um deine Freundin aufzumuntern, wenn sie traurig ist, oder um dich zu entschuldigen, wenn ihr euch gestritten habt.

WIE MAN DIE ULTIMATIVE PYJAMA-PARTY VERANSTALTET

Manchmal ist der Tag einfach zu kurz und man kann zu wenig Zeit mit seinen Freundinnen verbringen. Aus diesem Grund hat vor langer Zeit ein geniales Mädchen die Pyjama-Party erfunden! Hier hast du ein paar nützliche Tipps, um deine Party zu einer unvergesslichen Nacht zu machen!

DIE TOP TEN FÜR EINE COOLE PYJAMA-PARTY

✷ Legt eine Kleiderordnung fest. Süße Pyjamas und kuschelige Socken sind das modische Highlight jeder Übernachtungsparty.

✷ Haltet euch an die Regeln eurer Eltern (so weit wie möglich). Ein niedriger Lärmpegel ist der einzige todsichere Weg, um eure Eltern von der Party fernzuhalten.

✷ Erstellt eine Playlist für die Party. Jede Freundin soll ihre drei Lieblings-CDs mitbringen. Lasst die lauteren Stücke zu Beginn des Abends laufen und hebt euch die ruhigen, schnulzigen Songs für später auf, wenn eigentlich »Schlafenszeit« ist.

✷ Deckt euch mit reichlich Schokolade ein. Bitte jede Freundin, eine Tafel ihrer Lieblingsschokolade mitzubringen. Dann könnt ihr alles mal probieren.

✱ Wählt ein paar coole DVDs aus, die ihr während der Party gemeinsam anschaut. Nur gruselige, witzige und sentimentale Filme sind erlaubt!

✱ Macht euch gegenseitig originelle Frisuren. Bitte jede Freundin, ihre Bürste sowie möglichst viele Haarclips, Bänder und Lockenwickler mitzubringen. Dann könnt ihr eurer Fantasie freien Lauf lassen. Das Tolle an einer Pyjama-Party ist, dass niemand eure Frisur zu Gesicht bekommen wird, falls es zu schräg aussieht.

✷ Vergesst nicht, den Wecker auf zwölf Uhr Mitternacht zu stellen. Dies ist die beste Zeit, um sich gegenseitig Geheimnisse anzuvertrauen und Leckereien zu verdrücken. Also auf keinen Fall verpassen!

✷ Denkt an Zeitschriften. Bitte jede Freundin, so viele aktuelle und ältere Ausgaben ihrer Lieblingszeitschriften mitzubringen, wie sie tragen kann. Die könnt ihr dann zusammen durchblättern und euren Lieblingsstar auswählen.

✷ Sorgt dafür, dass keine von euch die Party verlässt, bevor sie den anderen nicht alles über ihren heimlichen Schwarm verraten hat.

✷ Vergesst das Eis nicht! Jede Freundin soll einen Becher mit ihrem Lieblingseis mitbringen. Das füllt ihr dann in eine riesige Schüssel, um ein Traum-Eis zu kreieren. Oder ihr löffelt es gleich aus dem Becher. Viel Spaß!

WANN IST EINE FREUNDIN KEINE ECHTE FREUNDIN?

Manche Personen erwecken vielleicht den Anschein, deine Freundinnen zu sein. Aber wenn du mal jemanden brauchst, bei dem du dich so richtig ausheulen kannst, sind sie nicht da. Hier erfährst du, wie du eine echte von einer falschen Freundin unterscheiden kannst.

EINE ECHTE FREUNDIN WÜRDE NIEMALS ...

... von dir verlangen, etwas zu tun, was du nicht willst – sei es etwas Peinliches, weil sie etwas zu lachen haben will, oder etwas, was du nicht richtig findest.

Was du tun kannst. Lerne, Nein zu sagen, und weise deine »Freundin« darauf hin, dass eine echte Freundin dich niemals zu etwas drängen würde, was du nicht willst. Falls sie deine Einwände ignoriert, mache einen großen Bogen um sie und suche dir eine echte Freundin, die dich so nimmt, wie du bist.

EINE ECHTE FREUNDIN WÜRDE NIEMALS ...

... mit anderen schlecht über dich reden, um nach einem Streit mit dir die anderen dazu zu bringen, sich ebenfalls von dir abzuwenden.

Was du tun kannst. Rede mit allen deinen Freundinnen unter vier Augen und sprich sie auf die Sache an. Wenn sie nichts davon wissen wollen, gib ihnen den Laufpass – auf solche Freundschaften kannst du getrost verzichten. Es gibt bestimmt Mädchen, denen es genauso ergangen ist wie dir. Halte nach ihnen Ausschau und freunde dich mit ihnen an.

EINE ECHTE FREUNDIN WÜRDE NIEMALS ...

... in der Öffentlichkeit über dich herziehen. Wenn deine Freundin vor anderen Leuten fiese Bemerkungen oder Witze über dich macht, fühlst du dich wahrscheinlich klein und dumm. Vielleicht will sie nur witzig sein, aber sobald sie deine Gefühle verletzt, verhält sie sich nicht wie eine echte Freundin.

Was du tun kannst. Sprich mit deiner Freundin unter vier Augen und sage ihr, was sie dir mit ihrem Verhalten antut. Vielleicht hat sie gar nicht gemerkt, dass sie dich verletzt hat, und verspricht, es nicht wieder zu tun. Sollte sie aber immer noch nicht damit aufhören, verbringe weniger Zeit mit ihr und halte dich stattdessen an andere, bessere Freundinnen.

EINE ECHTE FREUNDIN WÜRDE NIEMALS ...

... Dinge von dir ausleihen, ohne dich vorher zu fragen, oder Geld von dir nehmen. Klar teilt man gerne etwas mit seinen Freunden oder spendiert ihnen Süßigkeiten, wenn sie pleite sind. Aber sie dürfen dich niemals unter Druck setzen.

Was du tun kannst. Erzähle anderen Freundinnen von der Sache oder vertraue dich einem Erwachsenen an.

EINE ECHTE FREUNDIN WÜRDE NIEMALS ...

... deine Geheimnisse ausplaudern. Freundschaft heißt schließlich, dass man sich gegenseitig vertraut. Und es kann schrecklich sein, wenn das Vertrauen zwischen euch plötzlich erschüttert ist.

Was du tun kannst. Frage deine Freundin, warum sie dein Geheimnis ausgeplaudert hat, und erinnere sie daran, dass du sie nur unter der Bedingung eingeweiht hast, dass sie es für sich behält. Wenn sie sich dafür entschuldigt, verzeihe ihr. Aber verrate ihr lieber kein Geheimnis mehr, solange du nicht sicher bist, dass sie es für sich behalten kann.

EINE ECHTE FREUNDIN SAGT...

- »Klar kannst du dir mein Lieblingstop ausleihen.«
- »Was ist los? Du kannst mit mir darüber reden, wenn du willst.«
- »Ich verspreche dir, du kannst mir vertrauen.«
- »Ich würde mich riesig freuen, wenn du zu meiner Geburtstagsparty kommen würdest!«
- »Ich treffe dich im Park, bei der Schaukel, um drei Uhr.«

EINE FALSCHE FREUNDIN SAGT...

- »Was krieg ich dafür?«
- »Kopf hoch, Baby.«
- »O bitte, erzähle es mir. Ich liebe Geheimnisse, sie sind so geil!«
- »Du darfst nur zu meiner Geburtstagsparty kommen, wenn du deine neue Karaokemaschine/deine coole ältere Schwester mitbringst ...«
- »Äh ... ja ... ich komme wahrscheinlich irgendwann später in den Park ...«

Freundschaftstipp: Manchmal behandeln Mädchen ihre besten Freundinnen unfair, um sich bei anderen beliebt zu machen. Sie tun dies, weil sie unsicher oder unzufrieden sind. Es ist jedoch nicht in Ordnung, deine Gefühle zu verletzen. Sag deiner Freundin, dass du dich gekränkt fühlst. Wenn sie ihr Verhalten dann immer noch nicht ändert, hat sie deine Freundschaft nicht verdient.

Freunde sind dazu da, Freude und Spaß in unser Leben zu bringen. Sobald man also nicht mehr merkt, dass der andere niedergeschlagen ist, sollte man die Freundschaft beenden.

WORAN MAN MERKT, DASS MAN ZU VIEL ZEIT MITEINANDER VERBRINGT

Freundschaft ist etwas Wunderbares. Aber hast du gewusst, dass man auch zu viel Zeit miteinander verbringen kann? Nein? Beantworte die folgenden Aussagen mit »Ja« oder »Nein«, um herauszufinden, ob du und deine Freundin Gefahr laufst, zu einem schrecklichen, zweiköpfigen Monster zu werden!

RICHTIG ODER FALSCH?

- Die Eltern deiner Freundin decken bei jeder Mahlzeit den Tisch für dich mit, auch wenn du gar nicht da bist.

- Du heulst jedes Mal wie ein Schlosshund, wenn deine Freundin in Urlaub fährt. Es kommt dir so vor, als hättest du noch nie etwas so Schlimmes erlebt.

- Ihr kreuzt im Partnerlook auf Partys auf, ohne euch vorher abgesprochen zu haben.

- Wenn jemand euch etwas fragt, gebt ihr genau gleichzeitig dieselbe Antwort.

- Deine Eltern haben auf dem Kaminsims neben deinem Foto ein Foto von deiner Freundin stehen.

- Du weißt, dass im nächsten Moment deine Freundin anrufen wird, noch bevor das Telefon klingelt.

- Ihr habt genau die gleiche Handschrift.

- Eure anderen Freundinnen verschmelzen eure Namen miteinander. Wenn ihr zum Beispiel Lena und Julia heißt, nennen sie euch »Lelia«. Oder wenn ihr Laura und Marie heißt, seid ihr bei ihnen »Laurie«.

- Wer euch zum ersten Mal sieht, kann kaum glauben, dass ihr keine Schwestern seid.

DAS ERGEBNIS

Wenn du vier oder mehr Fragen mit »Ja« beantwortet hast, verbringst du definitiv zu viel Zeit mit deiner Freundin. Ihr seid tatsächlich drauf und dran, zu einem schrecklichen zweiköpfigen Monster zu werden! Tut etwas dagegen, bevor es zu spät ist.

WAS DU TUN KANNST

Eine beste Freundin zu haben, ist eine tolle Sache. Aber genauso wichtig ist es, eine eigene Identität zu haben. Gute Freundinnen akzeptieren und erkennen die Andersartigkeit der anderen an, statt die ganze Zeit genau gleich sein zu wollen. Versucht, unterschiedlichen Hobbys nachzugehen. So habt ihr einerseits mehr Gesprächsstoff, wenn ihr zusammen seid, und ihr lernt zudem auch neue Leute kennen.

WIE MAN EIN HIMMEL-UND-HÖLLE-SPIEL BASTELT

Mit diesem tollen Papierorakel kannst du herausfinden, was für tolle Sachen die Zukunft für dich und deine Freundinnen bereithält!

Du brauchst dafür:

• ein Blatt Papier im DIN-A4-Format • eine Schere • einen Schreibstift • Filzstifte oder Buntstifte

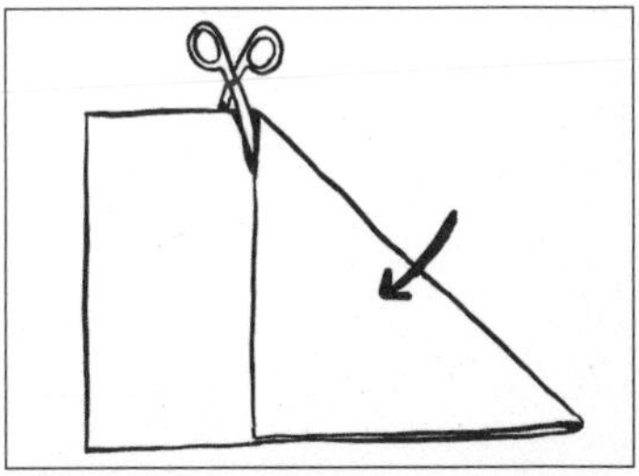

1. Lege das Papier mit der längeren Seite nach unten zeigend vor dich hin und knicke die rechte obere Ecke nach innen ein, sodass die rechte Kante des Blattes auf der unteren Längsseite liegt. Die dadurch entstandene rechteckige Fläche links daneben schneidest du ab. Was übrig bleibt, ist ein gefaltetes Papierdreieck.

Freundschaftstipp: Damit dein Himmel-und-Hölle-Spiel superschön aussieht, solltest du jede gefaltete Kante mit den Fingerspitzen glätten.

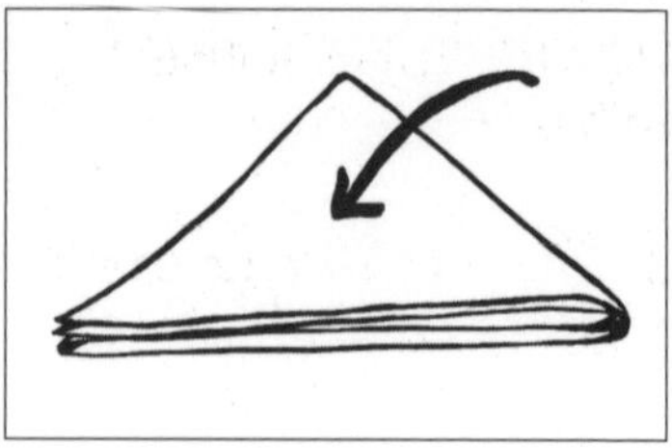

2. Lege nun das Dreieck mit der langen Seite nach unten vor dich hin und falte es in der Mitte, sodass die linke Ecke genau auf der rechten liegt. Glätte anschließend sorgfältig den Falz.

3. Wiederhole Schritt 2, um ein noch kleineres Dreieck zu erhalten.

4. Falte das Dreieck wieder auseinander. Nun hast du ein Quadrat mit vielen Faltlinien, die durch einen Punkt in der Mitte laufen.

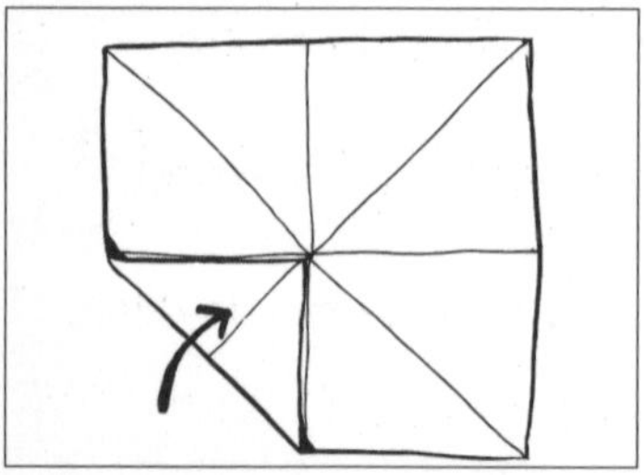

5. Nimm die Faltlinien als Anhaltspunkt und verkleinere dein Quadrat, indem du alle vier Ecken zur Mitte faltest.

6. Drehe das Papier um und wiederhole Schritt 5, um ein noch kleineres Quadrat zu erhalten.

7. Drehe dann das Papier wieder um. Du hast jetzt vier quadratische Laschen. Bemale mit Filz- oder Buntstiften jedes Quadrat in einer anderen Farbe.

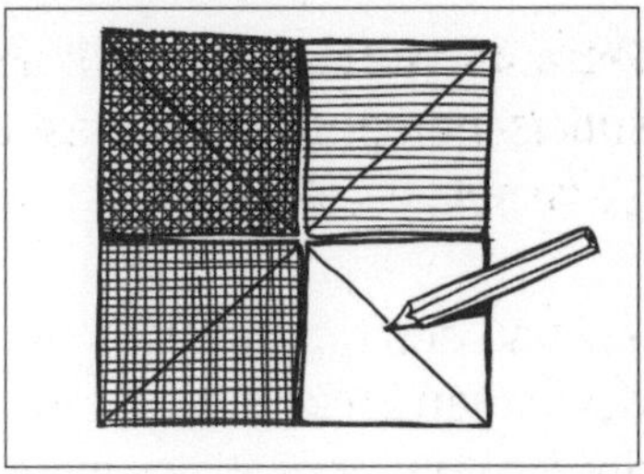

8. Drehe die Faltfigur erneut um und schreibe auf jedes Dreieck eine Ziffer von 1 bis 8.

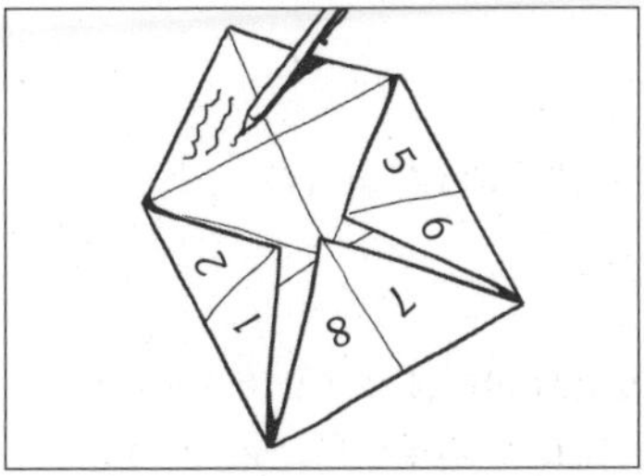

9. Öffne das obere Dreieck und schreibe auf jede Seite der Faltlinie eine Vorhersage. Das kann alles Mögliche sein – was immer dir gefällt –, es sollte aber stets geheimnisvoll und witzig klingen. Hier ein paar Beispiele, die du verwenden kannst:

- Trage etwas Pinkfarbenes und du wirst eine neue Freundin gewinnen.
- Am Dienstag wird dich jemand, den du sehr magst, missverstehen.
- Nimm dich vor Fröschen und Kröten in Acht – in denen steckt mehr, als du denkst!

Wiederhole den Vorgang mit jedem der anderen Dreiecke, bis du insgesamt acht Vorhersagen aufgeschrieben hast. Dann klappst du alle vier Dreiecke wieder zusammen, sodass du ein Quadrat erhältst.

10. Falte das Quadrat in der Mitte. Jetzt hast du ein Rechteck mit zwei farbigen Laschen auf jeder Seite.

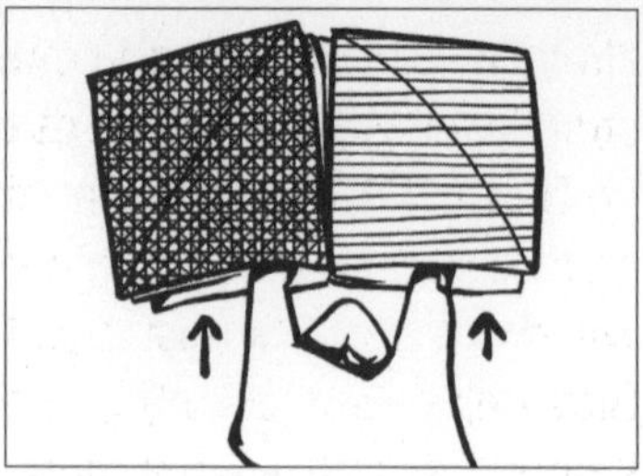

11. Schiebe Daumen und Zeigefinger beider Hände unter die Laschen und fahre mit den Fingerspitzen bis in die Ecken hinauf.

DER SPASSIGE TEIL

Und so funktioniert dein fertiges Himmel-und-Hölle-Spiel: Halte die Faltfigur mit Daumen und Zeigefingern zusammen, sodass alle vier farbigen Quadrate zu sehen sind. Bitte deine Freundin, sich eine Farbe auszusuchen. Ihren Orakelspruch findest du, indem du die Faltfigur für jeden Buchstaben des Wortes einmal öffnest und schließt. Nimmt deine Freundin

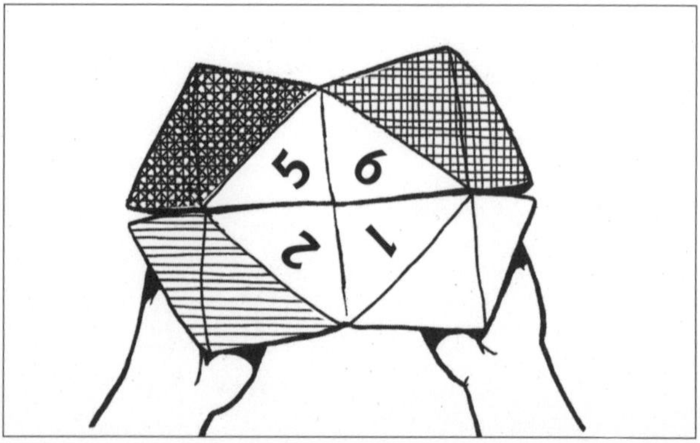

zum Beispiel BLAU, dann öffnest und schließt du das Papierorakel vier Mal und hältst es am Schluss geöffnet. Bitte deine Freundin, sich eine Zahl aus dem inneren Teil des Papierorakels auszusuchen. Öffne und schließe die Faltfigur so oft, wie diese Zahl hoch ist, und halte sie am Schluss geöffnet. Bitte deine Freundin nun, noch einmal eine Zahl zu wählen. Klappe das Dreieck mit dieser Zahl auf und verrate ihr, was die Zukunft für sie bereithält!

Freundschaftstipp: Wie du gemerkt hast, ist es ganz einfach, ein Himmel-und-Hölle-Spiel zu basteln. Mache einfach mehrere davon, für verschiedene Bereiche deines Lebens! Du könntest zum Beispiel eins zum Thema Liebe basteln, mit Vorhersagen wie »Ein gut aussehender Junge wird dir anbieten, dir sein Fahrrad zu leihen«. Oder eins für die Schule, wo Prophezeiungen wie beispielsweise »Für dunkelhaarige Lehrer solltest du deine Hausaufgaben besonders gewissenhaft erledigen« dankbar wären.

FÜNF GRÜNDE, WARUM HAUSTIERE GROSSARTIGE FREUNDE SIND

Grund eins: Ein Hund ist ein wahrer Menschenfreund, mit dem du super im Freien herumtollen kannst.

Grund zwei: Eine Katze ist die ideale Kameradin fürs Fernsehen. Sie wärmt dich, ohne während deiner Lieblingssendung ständig dazwischenzuquatschen.

Grund drei: Mit Haustieren kannst du deine Süßigkeiten nicht teilen – sie werden krank davon. Umso besser, so bleibt mehr für dich übrig!

Grund vier: Ein Haustier widerspricht dir nicht, und es lacht dich nicht aus, wenn du Mist baust. Aber es ist jederzeit zum Schmusen bereit, wenn du traurig bist.

Grund fünf: Du kannst einem Haustier alle deine Geheimnisse zuflüstern und dir sicher sein, dass es nichts weitersagt (außer natürlich, du hast einen Papagei).

WIE MAN EINE FREUNDSCHAFT BESIEGELT

Bei einem Ritual oder einer Zeremonie werden besondere Worte gesprochen und bestimmte Handlungen vollzogen, die eine festgelegte Reihenfolge haben. Mit einem Freundschaftsritual könnt ihr eure Freundschaft besiegeln und es bringt dir und deinen Freundinnen Glück! Für das folgende Ritual müsst ihr mindestens zu zweit sein.

Du brauchst dafür:

• ein sauberes Tischtuch oder eine Decke • Saft in einer Flasche oder Karaffe • einen Becher für jede Freundin und einen zusätzlichen • einen persönlichen Gegenstand von jeder Freundin, etwa ein Lieblingsfoto oder ein selbst gemachtes Geschenk

DIE VORBEREITUNGEN

Breite die Decke auf dem Boden aus, am besten irgendwo draußen, vielleicht in einer Ecke im Garten oder im Park unter einem Baum.

Bitte jede Freundin, ihren Gegenstand in die Mitte der Decke zu legen und sich danebenzusetzen.

DAS TRINKRITUAL

Gieße den Saft in einen der Becher und lasse ihn reihum gehen, damit jedes Mädchen einen Schluck davon trinken kann. Achtet darauf, dass jeweils noch genügend Saft für die nächste Person übrig bleibt. Verteile den restlichen Saft auf die übrigen Becher und gib jeder Freundin einen. Anschließend sprecht ihr gemeinsam den folgenden Satz:

»Indem wir dieses Getränk miteinander teilen,
versprechen wir uns gegenseitig, auch unser Leben
für immer miteinander zu teilen.«

DER FREUNDSCHAFTSSCHWUR

Jetzt reicht ihr eure persönlichen Gegenstände – etwa Lieblingsfotos, Freundschafts-Schächtelchen (siehe S. 59) oder Freundschaftsbändchen (siehe S. 55) – im Kreis herum und zwar so: Jede von euch nimmt ihren Gegenstand von der Decke und gibt ihn der links von ihr sitzenden Person. Dabei macht die »Geberin« das folgende Versprechen:

»Dieses *füge hier den Namen des Gegenstands ein*
symbolisiert, wer ich bin. Mit diesem Geschenk
verspreche ich dir, dass du für immer einen Platz
in meinem Herzen haben wirst.«

Anschließend sollte die Empfängerin des Geschenks die folgenden Worte sprechen:

»Ich nehme dieses
hier steht der Name des Gegenstands
als Symbol für dich an und verspreche,
dieses sowie unsere Freundschaft
stets wie meinen Augapfel zu hüten.«

DER HEILIGE KREIS

Sobald ihr alle Geschenke ausgetauscht habt, fasst ihr euch an den Händen, schließt die Augen und singt dieses heilige Lied der Freundschaft:

Wir sind Freundinnen fürs Leben.
Haben uns so viel zu geben.
Wollen bleiben echt und rein,
Ein Herz und eine Seele sein.

Freundschaftstipp: Bitte deine Freundinnen, den Vers vor der Zeremonie auswendig zu lernen – das ist schöner als von einem Blatt ablesen zu müssen.

FREUNDINNEN FÜRS LEBEN

Herzlichen Glückwunsch! Nun seid ihr Freundinnen fürs Leben! Denkt bei jedem Streit an euer Ritual und erinnert euch daran, was es für ein Gefühl war, als ihr euch gegenseitig ewige Freundschaft geschworen habt. Dann wird es euch viel leichter fallen, euch gegenseitig zu verzeihen und weiterhin Freundinnen zu bleiben.

WIE MAN EINE PERSÖNLICHE GEBURTSTAGSKARTE GESTALTET

Verwandle eine alte Karte in eine tolle persönliche Geburtstagskarte! Das ist viel cooler, als im Laden eine zu kaufen. Überreiche deiner Freundin an ihrem nächsten Geburtstag eine Karte, die sie TOTAL vom Hocker hauen wird.

Du brauchst dafür:

• eine alte Geburtstagskarte • eine Schere • einen spitzen Bleistift • Knetmasse • einen Klebestift • Tesafilm • ein Foto von deiner Freundin • alte Zeitungen oder Zeitschriften • ein Blatt einfarbiges Papier

1. Mache in die Teile der Karte, die du ausschneiden willst, ein Loch. Dazu drückst du den Bleistift durch die Karte in ein Stück Knetmasse, das darunterliegt.

2. Lege Bleistift und Knetmasse beiseite. Fahre mit der Spitze der Schere vorsichtig in das eben gemachte Loch und schneide die Teile der Karte aus, die die Fenster werden sollen (zum Beispiel in Herzform).

Je nachdem, wie viel Platz du hast, kannst du zwei oder mehr Fenster ausschneiden.

3. Wähle ein schönes Foto deiner Freundin aus und suche in alten Zeitschriften nach Bildern von ihren Lieblingsstars oder Lieblingstieren. Prüfe, ob sie die richtige Größe haben, damit man sie durch die Fenster sieht. Dazu legst du einfach deine Karte darauf. Wenn du die Bilder dann ausschneidest, denk daran, einen kleinen Extrarand zu lassen, damit du sie festkleben kannst.

4. Platziere die Bilder hinter den Fenstern der Karte und klebe sie innen mit Tesafilm fest.

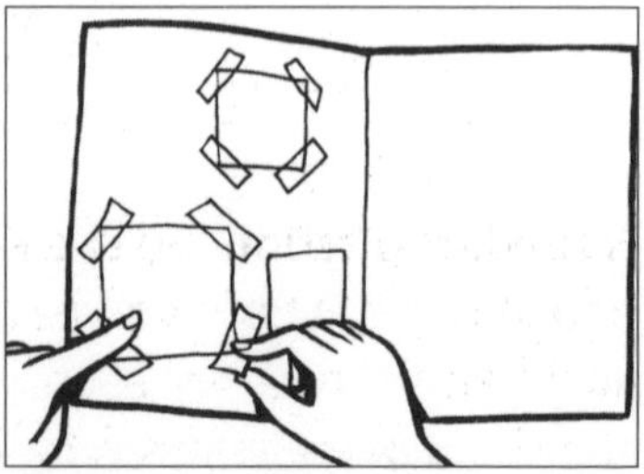

5. Lege die Karte auseinandergefaltet auf das Blatt Papier und zeichne mit dem Bleistift den Umriss nach. Nimm die Karte weg und schneide die umrandete Fläche aus. Jetzt hast du einen Papierbogen von derselben Größe wie deine Karte.

6. Trage mit dem Klebestift auf der Innenseite der Karte sowie auf dem Papier eine dünne Schicht Klebstoff auf. Klebe das Papier auf die Innenseite der Karte, um alte Beschriftungen und den Tesafilm abzudecken.

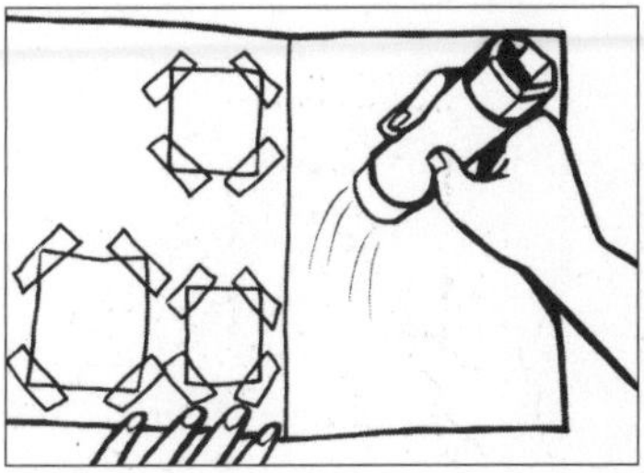

7. Sobald der Kleber getrocknet ist, kannst du deine persönlichen Glückwünsche ins Innere der Karte schreiben und sie dann deiner Freundin überreichen.

Freundschaftstipp: Solche Karten eignen sich nicht nur für Geburtstage. Ebenso kannst du für deine Freundinnen Weihnachtskarten oder Ähnliches basteln. Wenn deine Freundin einmal niedergeschlagen ist, eignen sich auch witzige Bilder, um sie aufzuheitern.

WIE MAN »GO FISH« SPIELT

»Go Fish« ist ein lustiges, dem Quartett ähnliches Spiel zum Selberbasteln. Du kannst es nicht nur mit deinen Freundinnen spielen, sondern sie kommen sogar selber im Spiel vor!

Du brauchst dafür:

• drei Bogen dünne Pappe im DIN-A4-Format • einen Klebestift • vier Fotos (eins von dir und drei von deinen Freundinnen) • einen Schreibstift • eine Schere • einen dicken Stapel alter Zeitschriften oder einen Computer und Drucker • Filzstifte

1. Nimm einen Bogen Pappe und unterteile sie in acht gleiche Rechtecke, indem du sie einmal der Länge nach und dann zweimal der Breite nach faltest. Falte die Pappe dann wieder auseinander und mache dasselbe mit den beiden anderen Bögen.

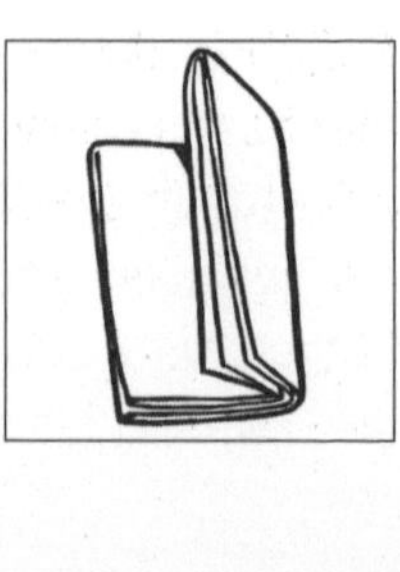

2. Auf einem der Bögen schreibst du in eines der Rechtecke oben deinen Namen. Schreibe die Namen deiner drei besten Freundinnen in drei andere Rechtecke.

3. Klebe dein Foto sowie die Fotos deiner Freundinnen mit Klebestift unter den jeweiligen Namen.

4. Unter das Foto schreibst du die folgenden Kategorien: »Lieblingsfarbe«, »Lieblingstier«, »Lieblingsessen«, »Lieblingsstar« und »Lieblingshobby«. Schreibe die jeweiligen Favoriten deiner Freundinnen dazu.

5. Blättere sämtliche Zeitschriften durch und suche zu allen in Schritt 4 genannten Kategorien (außer Lieblingsfarbe) Bilder, auf denen die Favoriten deiner Freundinnen dargestellt sind. Schneide die Bilder aus. Solltest du nicht zu allen Kategorien geeignete Bilder finden, stöbere einfach im Internet. Wenn du möglichst viele Bilder gefunden hast, frage einen Erwachsenen oder den Besitzer des Computers, ob du die Bilder ausdrucken darfst.

6. Sobald du möglichst viele Bilder zusammenhast, kannst du die übrigen Rechtecke (auch die der anderen Bögen) damit ausfüllen. Klebe jedes Bild in die Mitte eines Rechtecks und schreibe den Namen des Mädchens, dessen

Favorit zu sehen ist, über das Bild. Unter das Bild schreibst du dann die Bezeichnung des Favoriten. Also zum Beispiel: Über dem Bild steht »Anna« und unter dem Bild »Lieblingshobby: Karate«.

7. Solltest du zu einigen Dingen nirgendwo Bilder finden, dann zeichne sie einfach selbst und male sie aus.

8. Für die Karten mit den Lieblingsfarben schreibst du die Namen deiner Freundinnen jeweils oben in ein Rechteck. Dann machst du mit Filzstiften in der Lieblingsfarbe der jeweiligen Person einen Schnörkel in die Mitte des Rechtecks. Darunter schreibst du die Farbe.

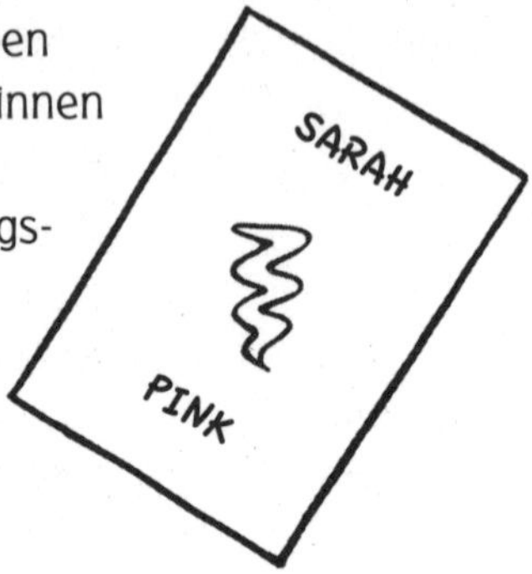

9. Wenn du auf allen drei Bögen sämtliche Rechtecke ausgefüllt hast, schneide sie aus, sodass du 24 Einzelkärtchen hast.

Freundschaftstipp: Damit dein Kartenspiel viele Spiele lang hält, kannst du alle drei DIN-A4-Bögen mit Klebefolie bekleben, bevor du die Kärtchen ausschneidest.

SO GEHT DAS SPIEL

Das Spiel ist für zwei bis sechs Personen.

1. Zunächst werden die Karten gemischt und einzeln und verdeckt an alle Spielerinnen verteilt, bis keine mehr übrig sind.

2. Ziel des Spiels ist es, einen vollständigen Kartensatz für jede Freundin zusammenzubekommen.

3. Die Spielerin links von der Kartengeberin beginnt das Spiel. Sie fragt die links von ihr sitzende Mitspielerin nach einer bestimmten Karte, die sie für einen Kartensatz braucht. Zum Beispiel: Wenn sie von Sarah bereits die Fotokarte sowie die Karte mit ihrer Lieblingsfarbe hat, könnte sie fragen: »Hast du Sarahs Lieblingsessen?«

4. Hat die befragte Mitspielerin die gesuchte Karte, muss sie sie herausgeben und die erste Spielerin links von der Kartengeberin darf nach einer weiteren Karte fragen. Hat die angesprochene Person die Karte nicht, sagt sie »Go fish« und ist ihrerseits an der Reihe (siehe Schritt 3).

5. Wer am meisten vollständige Kartensätze sammelt, gewinnt.

Freundschaftstipp: Achte genau darauf, nach welchen Karten deine Mitspielerinnen fragen. So kannst du herausfinden, welche Karten sie besitzen und nach welchen du sie fragen könntest, wenn du an der Reihe bist.

WIE MAN EINEN SCHATTENRISS ANFERTIGT

Ein Schattenriss ist eine einfache Möglichkeit, ein perfektes Abbild deiner Freundin und zugleich ein tolles Kunstwerk zu schaffen! Posiert abwechselnd für einen Scherenschnitt und befolgt dabei die unten stehenden Anweisungen.

Du brauchst dafür:

• drei Bögen weißes Papier (DIN-A3) • zwei Bögen schwarzes Papier (DIN-A3) • einen Bleistift • eine Lampe • eine Schere • Klebestreifen • Klebestift

1. Klebe mit Klebestreifen ein weißes Papier an die Wand (frage erst deine Eltern, ob sie auch nichts dagegen haben).

2. Richte die Lampe so aus, dass das Licht direkt auf das Papier fällt.

3. Ziehe die Vorhänge zu und achte darauf, dass so wenig Tageslicht wie möglich ins Zimmer dringt. Wenn es draußen bereits dunkel ist, schalte sämtliche Lichter außer der einen Lampe aus.

4. Bitte deine Freundin, sich so vor das Papier zu stellen oder zu setzen, dass du sie im Profil siehst.

5. Schiebe die Lampe so lange umher, bis du auf dem Papier deutlich den Schatten deiner Freundin siehst.

6. Zeichne mit dem Bleistift den Umriss des Schattens nach und drücke dabei nicht zu fest auf.

7. Nimm dann das Papier von der Wand und schneide den Umriss aus. Jetzt hast du einen Scherenschnitt, den du als Schablone verwenden kannst.

8. Lege den Scherenschnitt auf ein schwarzes Papier und zeichne den Umriss nach. Dann schneidest du es erneut aus.

9. Klebe den schwarzen Scherenschnitt mit Klebestift auf ein weißes Papier.

10. Bitte nun deine Freundin, auch von dir einen Schattenriss zu machen, indem sie genauso vorgeht wie du und die Schritte 1 bis 7 ausführt.

11. Klebe deinen weißen Scherenschnitt auf ein schwarzes Papier – so erzielst du einen tollen Kontrast zwischen deinem Bild und dem deiner Freundin.

12. Du kannst die Kunstwerke entweder rahmen oder sie einfach mit Klebestreifen irgendwo an die Wand kleben, wo sie einen Ehrenplatz einnehmen.

Freundschaftstipp: Ihr braucht euch nicht mit Schwarz und Weiß zu begnügen. Probiert einfach verschiedene tolle Farbkombinationen aus und schafft damit ein total originelles Kunstwerk. Ein Schattenriss in trendigem Pink auf blauem Hintergrund sieht zum Beispiel super aus, oder probiert mal einen Schattenriss aus Geschenkpapier! Lasst eurer Kreativität freien Lauf!

WIE MAN EINE FREUNDSCHAFTS-PREISVERLEIHUNG ABHÄLT

Durch eine Preisverleihung kannst du deinen Freundinnen zeigen, wie viel sie dir bedeuten. Ihr könnt sie beispielsweise während einer Party (mit Pyjama oder ohne) veranstalten. Oder ihr trefft euch einfach mal nach der Schule.

DIE PLANUNG

Zuerst solltest du dir einige Kategorien überlegen. Hier ein paar Vorschläge:

Lustigste Freundin	Gibt die besten Ratschläge
Schickste Freundin	Sportlichste Freundin
Beste Zuhörerin	Fairste Freundin
Klügste Freundin	Älteste Freundin
Treueste Freundin	Geduldigste Freundin

Du und eine deiner Freundinnen könntet die Jury sein. Fairerweise sollte jede Freundin einen Preis bekommen, aber auch nicht mehr. Schreibt die Kategorien und die Personen, für die ihr euch entschieden habt, auf ein Blatt Papier und haltet sie bis zur Preisverleihung streng geheim.

DIE PREISE

Die Preise sollten etwas ganz Besonderes sein, sodass deine Freundinnen sie voller Stolz tragen können. Diese Plaketten sind perfekt und sehr leicht anzufertigen. Am besten machst du das zusammen mit dem anderen Jurymitglied.

Ihr braucht dafür:

• einen Bogen farbige Pappe (am besten DIN-A4) • ein Blatt dünnes weißes Papier • einen Bleistift • einen Glitzerstift • eine Schere • Sicherheitsnadeln • Tesafilm

1. Legt das dünne Papier auf den hier abgebildeten Stern und zeichnet mit dem Bleistift vorsichtig den Umriss nach. Schneidet den Stern aus. Er ist eure Schablone.

2. Legt die Schablone in die linke untere Ecke der farbigen Pappe. Zeichnet mit dem Bleistift den Umriss nach.

3. Platziert die Schablone rechts daneben und zeichnet ebenfalls den Umriss nach. Wiederholt den Vorgang so oft, bis die ganze Pappe von Sternen bedeckt ist. Schneidet sie aus – und schon habt ihr eure Plaketten!

4. Schreibt mit dem Glitzerstift auf jede Plakette den Namen der Gewinnerin sowie die Kategorie. Zum Beispiel: »Juliane: Lustigste Freundin.«

5. Sobald die Schrift getrocknet ist, klebt ihr mit Tesafilm eine Sicherheitsnadel auf die Rückseite jedes Sterns. Achtet darauf, den festen Teil und nicht das spitze Ende der Sicherheitsnadel anzukleben.

Freundschaftstipp: Damit eure Plaketten auch wirklich das gewisse Etwas haben, könnt ihr sie mit Glitzer und Pailletten verzieren.

AND THE WINNER IS...

Bei der Preisverleihung überreicht ihr jeder Gewinnerin ihre Plakette. Ihr solltet eure Entscheidung auch begründen. Etwa: »Nina wurde als schickste Freundin ausgewählt, weil sie für jede Gelegenheit das perfekte Outfit hat.«

DIE FREUNDSCHAFTS-SPRECHSTUNDE

Dr. Gutherz ist darauf spezialisiert, Probleme unter Freunden wieder einzurenken. Hier ihre Antworten auf einige der häufigsten Probleme in punkto Freundschaft.

BRIEF EINS

Liebe Frau Dr. Gutherz,
in meiner Klasse gibt es ein Mädchen, das von allen wie Luft behandelt wird. Sie tut mir leid und ich würde mich gern mit ihr anfreunden. Ich habe jedoch Angst, dass sich meine anderen Freundinnen dann über mich lustig machen und mich ebenfalls wie Luft behandeln.

DR. GUTHERZ RÄT...

»Zerbrich dir nicht den Kopf über Dinge, die noch gar nicht geschehen sind. Wenn du dieses Mädchen gern miteinbeziehen möchtest, tu es, aber Schritt für Schritt. Sie morgens anzulächeln und Hi zu sagen, wäre schon mal ein guter Anfang. Als Nächstes kannst du versuchen, sie in Gespräche einzubeziehen, wenn sie in der Nähe ist. Mache es ganz beiläufig, dann werden deine Freundinnen nicht in Panik geraten oder denken, dass du jetzt nur noch mit ihr rumhängst, sondern dich wahrscheinlich einfach machen lassen. Es ist bewundernswert, wie du dich um dieses Mädchen sorgst – deine Freundinnen sollten sich ein Beispiel an dir nehmen!«

BRIEF ZWEI

Liebe Dr. Gutherz,

ich habe den Eindruck, dass meine Freundinnen viel mehr Taschengeld bekommen als ich und dass ihre Eltern ihnen ständig neue Klamotten kaufen. Ich komme mir verglichen mit ihnen total uncool vor, das finde ich unfair.

DR. GUTHERZ RÄT…

»Cool sein hat nichts mit Geld oder Kleidung zu tun. Deine Freundinnen finden dich mit Sicherheit cool, sonst wären sie ja nicht mit dir befreundet – und dabei spielt es keine Rolle, wie viel Geld du in deinem Geldbeutel hast. Wenn du dir einen neuen Look wünschst, stöbere einfach in deinem Kleiderschrank und probiere neue Kombinationen aus. Denk daran: Beim Coolsein geht es um deine Persönlichkeit, nicht darum, was du kaufst oder anhast. Auch du hast deine Stärken und Talente, sei es Leute zum Lachen zu bringen oder tolle Einfälle zu haben. Sei selbstbewusst!«

BRIEF DREI

Liebe Dr. Gutherz,

eine meiner besten Freundinnen verhält sich in letzter Zeit sehr seltsam. Sie sondert sich die ganze Zeit ab, sitzt in den Pausen allein herum und ist schlecht gelaunt. Sonst war sie immer eine totale Quasselstrippe, aber jetzt ist sie stumm wie ein Fisch. Glauben Sie, dass ich etwas falsch gemacht habe?

»Ich habe den Eindruck, dass deine Freundin ein großes Problem hat. Es muss nichts mit dir zu tun haben. Vielleicht hat sie zu Hause Probleme, die sie so sehr belasten, dass sie nicht darüber reden kann. Versuche trotzdem, mit ihr unter vier Augen zu sprechen, und sage ihr, dass du dir Sorgen um sie machst. Frage sie, ob du ihr irgendwie helfen kannst. Falls sie sich noch immer in Schweigen hüllt, solltest du einer Lehrerin oder einem anderen Erwachsenen, dem du vertraust, von dem seltsamen Verhalten deiner Freundin erzählen. Vielleicht findet einer von ihnen heraus, was sie bedrückt. Ich wünsche dir viel Glück! Du bist eine sehr fürsorgliche Freundin!«

WIE MAN SICH EIN BASISLAGER EINRICHTET

Errichtet euer eigenes Basislager! Dort könnt ihr dann abhängen, ohne von nervigen Erwachsenen gestört zu werden. Und so geht es:

FINDET DEN RICHTIGEN ORT

Ihr braucht einen Ort, der so groß ist, dass ihr euch alle bequem hinsetzen könnt. Außerdem sollten auch eure Habseligkeiten dort Platz haben. Wie wäre es zum Beispiel mit ... einem Dachboden? Oder einem Plätzchen in eurer Garage? Oder auch einer Ecke in eurem Zimmer? Hauptsache, es ist irgendein Ort, der nur euch gehört.

MACHT ES EUCH GEMÜTLICH

Mit etwas Kreativität könnt ihr euer Lager superschön herrichten. Hier ein paar Ideen:

- Bringt an der Wand eine oder mehrere große Pinnwände für Bilder und Fotos an. Die Bilder könnt ihr dann jede Woche austauschen, je nachdem, auf wen oder was ihr gerade steht.

- Kauft oder leiht euch ein paar Lichterketten, dann wird euer Basislager im Handumdrehen zu einem richtigen Paradies!

- Bewahrt in eurem Lager eine große Kiste mit der Aufschrift »Vorräte« auf. In dieser befinden sich eure geheimen Kostbarkeiten, wie etwa Süßigkeiten, Getränke, Zeitschriften und Spiele.

- Und natürlich braucht jede von euch etwas zum Draufsitzen. Wie wäre es also, wenn ihr euch selbst Kissenbezüge näht? Auf den nächsten Seiten erfahrt ihr, wie einfach das geht.

WIE MAN KISSEN FÜR DAS BASISLAGER NÄHT

Du brauchst dafür:

• ein altes Kissen • ein großes Stück Stoff • eine Schere • Stecknadeln • eine Nähnadel • Nähgarn in ähnlicher Farbe wie dein Stoff • Stofffarben • eine alte Zeitung • einen Pinsel • Stoffkleber • Knöpfe und Pailletten

1. Schneide ein Stück Stoff zurecht, das doppelt so groß ist wie dein Kissen. Gib in der Länge und Breite jeweils fünf Zentimeter hinzu.

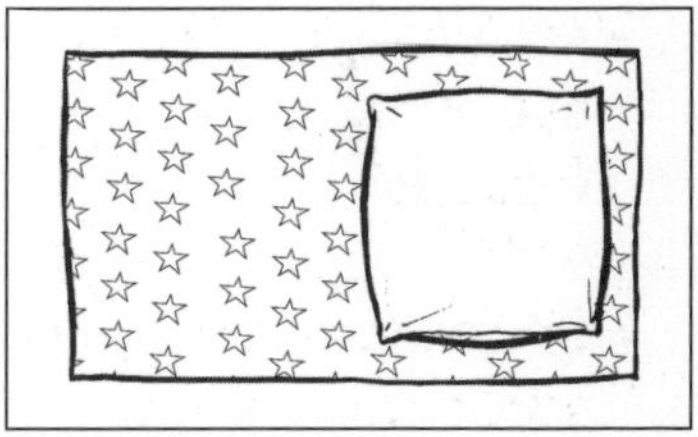

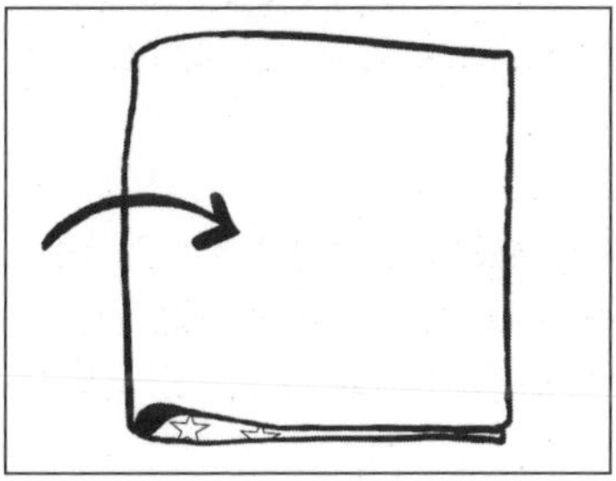

2. Falte den Stoff in der Mitte zusammen. Falls er bedruckt ist, achte darauf, dass der Druck innen ist.

3. Hefte die Ränder des Stoffes mit Nadeln zusammen und lasse dabei eine Seite des Quadrats offen.

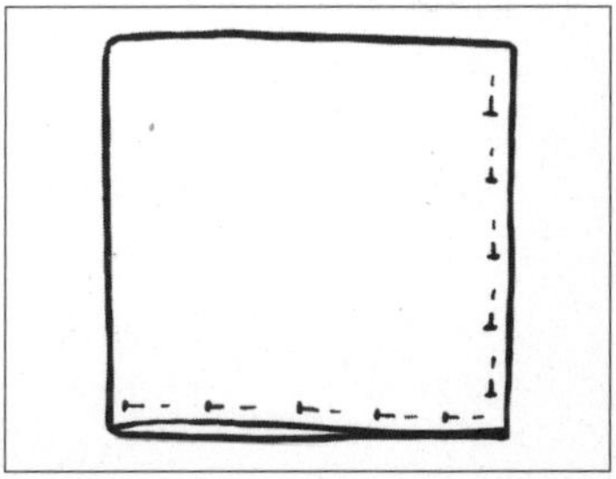

4. Fädle einen anderthalb Meter langen Faden in die Nähnadel ein und mache einen Doppelknoten am Ende des Fadens. Stich mit der Nadel in die linke untere Ecke des Stoffes und ziehe den Faden bis zum Knoten fest.

5. Jetzt nähst du in einer möglichst geraden Linie am äußeren Rand entlang. Der Abstand zum Rand sollte höchstens anderthalb Zentimeter betragen. Ziehe die Nadel anderthalb Zentimeter vor dem ersten Loch wieder aus dem Stoff heraus und ziehe den Faden vorsichtig fest. Gehe zurück und stich mit der Nadel durch den Stoff, an derselben Stelle wie beim ersten Mal. Ziehe den Faden immer straff. Dann ziehst du die Nadel ungefähr ein Zentimeter vor dem vorherigen Loch wieder aus dem Stoff heraus.

6. Mache so weiter, bis du etwa anderthalb Zentimeter vom nächsten Rand entfernt bist. Drehe den Kissenbezug um 90 Grad und nähe an der anderen abgesteckten Seite des Kissenbezugs genauso weiter, wie du es in Schritt 5

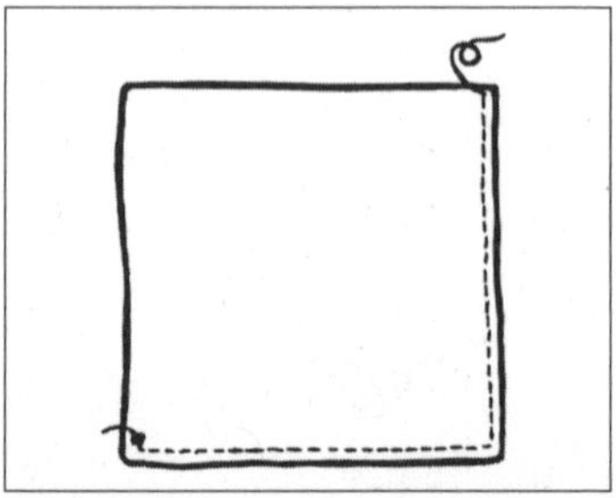

getan hast. Sobald du die rechte obere Ecke erreicht hast, vernähst du das Ganze, indem du den letzten Stich zehn Mal wiederholst. So verhinderst du, dass sich die Stiche wieder lösen. Lose herumhängende Enden schneidest du einfach ab.

7. Wende die Innenseite des Kissenbezugs nach außen und lege ein Stück Zeitungspapier hinein, damit die Rückseite des Kissenbezugs keine Farbe abbekommt.

8. Verziere den Bezug nun mit Stofffarben. Du kannst beispielsweise euer Freundschaftswappen (siehe S. 23) aufmalen oder was dir sonst gefällt. Vergiss nicht, das Kissen mit deinen Initialen zu versehen, damit jeder weiß, wem es gehört. Wenn du fertig bist, kannst du Knöpfe und Pailletten aufkleben. Lasse dann den Bezug trocknen.

9. Stecke das Kissen in den Bezug und nähe die offene Seite zu, indem du beide Ränder anderthalb Zentimeter nach innen schlägst und mit Stecknadeln zusammenheftest. Nähe diese Seite oberhalb der Nadeln zu, so wie du es zuvor getan hast.

Freundschaftstipp: Sobald euer Basislager komplett ist, kannst du deine Eltern fragen, ob du dort eine tolle Pyjama-Party veranstalten darfst (siehe S. 62).

WIE MAN SICH NACH EINEM STREIT WIEDER VERSÖHNT

Oje, es ist passiert! Eine Meinungsverschiedenheit zwischen dir und deiner Freundin ist in einen regelrechten Streit ausgeartet. Und schon sprecht ihr kein Wort mehr miteinander. Das kann schon mal passieren! Doch das ist kein Grund, die Freundschaft zu beenden! Ihr solltet lediglich die Kunst der Versöhnung beherrschen.

BRINGE DEINE FREUNDIN ZUM LACHEN

Diese Methode funktioniert hundertprozentig. Wenn ihr gute Freundinnen seid, weißt du bestimmt, worüber sie herzhaft lachen kann. Und wenn du es geschickt anstellst, geht ihr

Stirnrunzeln garantiert in einen Lachanfall über. Hier ein paar Vorschläge:

- Schaue ihr in die Augen und schneide deine dümmste Grimasse.

- Rufe sie an und trällere durchs Telefon einen Blödelsong.

- Wecke in ihr Erinnerungen an ein witziges Erlebnis, das ihr zusammen erlebt habt.

SCHREIBE IHR EINE ENTSCHULDIGUNGSKARTE

Eine Entschuldigungskarte ist das Mittel der Wahl, wenn du das Gefühl hast, dass du an dem Streit schuld bist. Kaufe oder bastle eine Karte, auf deren Vorderseite »Sorry« oder »Entschuldigung« steht, und schreibe eine ehrliche Entschuldigung ins Innere der Karte. Erkläre, warum du dies oder jenes getan hast, und sage ihr, dass du sehr hoffst, sie möge dir verzeihen und weiterhin deine Freundin sein.

BESTICH SIE

Kaum zu glauben, aber »Bestechung« funktioniert tatsächlich. Biete deiner Freundin an, sie von deinem Taschengeld ins Kino einzuladen, ihr ihre Lieblingszeitschrift zu kaufen oder ihr sogar dein brandneues Top auszuleihen. Du wirst sehen, sie wird wie Butter dahinschmelzen!

WIE IHR IN ZUKUNFT ZOFF VERMEIDET

Nach der Versöhnung solltet ihr dafür sorgen, dass ihr euch künftig nicht wieder verkracht. Dafür eignet sich das folgende Versöhnungsritual: Setzt euch gegenüber hin und verhakt die kleinen Finger eurer Hände ineinander. Dann bewegt ihr die Arme auf und ab und sprecht dabei gemeinsam den folgenden Vers:

Die heilige Freundschaft
Die geben wir niemals auf.
Wenn du es tust, werf ich dich ins Klo
Und mach den Deckel drauf.

WIE MAN EINE ERINNERUNGSDOSE BASTELT

Vielleicht könnt ihr es euch jetzt noch nicht vorstellen, aber wenn man alt und grau ist, erinnert man sich oft nicht mehr so gut daran, wie viel Spaß man in seiner Jugend hatte. Eine Erinnerungsdose hilft euch später dabei, euch an die gute alte Zeit zu erinnern, die ihr jetzt zusammen verbringt.

Ihr braucht dafür:

• eine Keks- oder Schokoladendose • Acrylfarben in verschiedenen Farben • einen Permanentmarker • einige Schreibstifte • Kreppband • für jede von euch einen Bogen Schreibpapier und einen Briefumschlag • eine Sammlung von Andenken und Erinnerungsstücken von dir und deinen Freundinnen

1. Reinigt die Dose mit Seifenwasser, um Keks- oder Schokoladenreste zu entfernen. Spült sie mit klarem Wasser ab und lasst sie trocknen.

2. Bemalt die Außenseite und den Deckel der Dose in einer hellen Farbe, zum Beispiel hellblau oder gelb, und lasst alles trocknen. Am besten nehmt ihr dafür Acrylfarben, da sie besser an der Dose haften als andere Farben.

3. Verziert den Boden der Dose mit einem hübschen Muster. Ihr könnt zum Beispiel Herzen oder Blumen oder sogar euer Freundschaftswappen draufmalen (siehe S. 23). Wenn ihr damit fertig seid, legt die Dose zum Trocknen beiseite.

4. Auf den Deckel der Dose schreibt ihr mit dem Permanentmarker in dicken Buchstaben das Jahr, an dem ihr die Dose öffnen wollt. Zum Beispiel: »NICHT VOR 2060 ÖFFNEN!« Lasst es trocknen.

5. Wählt in der Zwischenzeit die Dinge aus, die ihr in die Dose legen wollt. Überlegt gemeinsam, welche Erinnerungen für euch besonders wertvoll sind. Folgende Andenken gehören unbedingt in eine Erinnerungsdose:

- Fotos, auf denen ihr alle zu sehen seid

- Bilder von euren Lieblingssängern und -filmstars

- Programmhefte und andere Erinnerungen an gemeinsame Erlebnisse, wie zum Beispiel Theaterstücke, in denen ihr mitgespielt oder die ihr gemeinsam angeschaut habt, alte Kinokarten von euren Lieblingsfilmen oder Zeitungsartikel über Sportveranstaltungen, bei denen ihr wart oder mitgemacht habt.

6. Jede von euch nimmt sich dann ein Blatt Schreibpapier, einen Umschlag und einen Stift und schreibt einen Brief. Die Briefe werdet ihr euch dann viele Jahre später gegenseitig vorlesen. Worüber ihr in den Briefen schreibt, bleibt euch überlassen. Es kann zum Beispiel eine Geschichte über etwas sein, das ihr zusammen erlebt habt. Oder ihr schreibt, was ihr an jeder Freundin besonders mögt. Oder vielleicht sogar, was ihr euch für die Zukunft jeder Freundin erhofft.

7. Wenn alle ihren Brief geschrieben haben, steckt sie in einen Umschlag und klebt ihn zu.

8. Legt die Briefe dann mitsamt den anderen Dingen in die Erinnerungsdose.

9. Setzt den Deckel auf die Dose und versiegelt sie, indem ihr die Stelle, an der der Deckel die Dose verschließt, mit mehreren Schichten Kreppband abklebt.

10. Bitte alle deine Freundinnen, ihre Initialen mit dem Permanentmarker auf das Kreppband zu schreiben. So könnt ihr später sichergehen, dass niemand vorzeitig einen heimlichen Blick in die Dose hineingeworfen hat.

11. Bewahrt die Dose an einem sicheren Ort auf, wo sie viele Jahre lang nicht gefunden werden kann. Zum Beispiel auf dem Dachboden, ganz hinten im Kleiderschrank oder unterm Bett. Oder ihr fragt eure Eltern, ob ihr im Garten ein Loch graben und die Dose dort verstecken dürft. Ihr könnt euch mit dem Aufbewahren der Dose auch abwechseln.

Freundschaftstipp: Bei wem von euch sich die Dose auch immer gerade befindet – vergesst nicht, sie bei einem Umzug mitzunehmen! Die neuen Eigentümer eures Hauses werden nicht sehr erfreut sein, wenn in etwa 40 Jahren eine Frauenhorde an der Haustür klingelt und auf dem Dachboden oder im Garten herumstöbern will, um nach einer Erinnerungsdose zu suchen!

WIE MAN SICH SELBST EINE GUTE FREUNDIN IST

Hast du gewusst, dass du den Menschen, der dich am allerbesten kennt, bereits getroffen hast? Jemand, der immer für dich da sein wird, der sich immer Zeit für deine Probleme nehmen und dich aufmuntern wird? Befolge diese Top-Tipps, um dich mit der besten Freundin, die du je haben wirst, anzufreunden – mit dir selbst!

- Nimm die Dinge nicht zu ernst. Wenn du mal schlecht drauf bist, lächle einfach. Du wirst feststellen, dass es sehr schwer ist, zu lächeln und gleichzeitig missmutig zu sein.

- Schreibe am Ende jeder Woche fünf Dinge in ein extra Heft, die du gut gemacht hast. Das kann alles Mögliche sein, vom Kraulenlernen bis zu einer Auszeichnung in der Schule.

- Klopfe dir jedes Mal, wenn dir etwas gut gelungen ist, anerkennend auf die Schulter. Das würdest du schließlich auch von einer guten Freundin erwarten.

- Verbringe wertvolle Zeit mit dir selbst. Lerne, auch die Zeit, in der du nicht mit Freundinnen herumhängst, zu genießen. Du kannst zum Beispiel lesen, dich kreativ betätigen oder einfach nur entspannen – du hast es verdient!

WIE MAN SICH MIT EINER BERÜHMTHEIT ANFREUNDET

Das Leben eines Stars mag glamourös erscheinen – Partys, Preisverleihungen und internationaler Ruhm! Doch hinter der glitzernden Fassade sind Stars ganz normale Menschen. Hier erfährst du, wie du dich mit einer Berühmtheit anfreunden kannst.

✗ Vergöttere die Stars nicht zu sehr. Wenn du eine Berühmtheit zu Gesicht bekommst, solltest du versuchen, ruhig zu bleiben. Das ist natürlich leichter gesagt als getan, wenn einem das Herz bis zum Hals klopft. Aber wenn du die Stars wie ganz »normale« Menschen behandelst, werden sie eher mit dir Freundschaft schließen!

✓ Bringe die Herrschaften zum Lachen. Statt sie sofort über ihren neuesten Film oder Song auszuquetschen, kannst du versuchen, ihnen mit irgendeiner albernen Frage einen Lacher zu entlocken. Probiere es zum Beispiel mit: »Tunken Sie Ihre Kekse in den Kaffee, oder essen Sie sie ganz normal dazu?« Oder: »Mögen Sie lieber Haie oder Delfine?« Dein Idol wird sich so sehr über die Gelegenheit freuen, über etwas anderes als die eigene Karriere sprechen zu können, dass er oder sie dich sofort sympathisch finden wird!

✓ Sei glaubwürdig. Wie deine anderen Freundinnen werden auch Promis nur dann mit dir Freundschaft schließen, wenn du ehrlich bist. Sollten sie den Eindruck haben, dass du nur wegen der tollen Partys, zu denen sie dir Eintritt verschaffen können, an ihnen interessiert bist, werden sie weg sein, bevor du auch nur »VIP-Bereich, bitte« sagen kannst.

✓ Tritt auf jeden Fall ihrem Fanclub bei. Dadurch hast du nicht nur besonderen Zugang zu den offiziellen Websites der Stars, sondern du wirst auch über die nächsten Auftritte informiert, noch bevor sie offiziell bekannt gegeben werden. Das bedeutet, du wirst eine der Ersten in der Schlange sein, um dir ein Autogramm zu holen, und hast somit auch eine größere Chance, mit deinem Idol ein paar Worte zu wechseln!

✓ Schreibe deinen Lieblingsstars Briefe oder E-Mails. Damit zeigst du ihnen, dass sie dir etwas bedeuten. Und von einigen Berühmtheiten weiß man sogar, dass sie geantwortet haben.

✗ Sei nicht enttäuscht, wenn sie nicht antworten oder nur einen vorformulierten Brief schicken. Stars sind viel beschäftigte Leute und haben meist nicht die Zeit, um jeden einzelnen Brief zu beantworten.

✓ Halte dich vor allem an aufstrebende Stars. Um ehrlich zu sein, die beste Freundin eines großen Hollywood-Stars zu werden, ist eher unwahrscheinlich. Aber vielleicht kennst du einen richtig guten Schauspieler, von dem du glaubst, dass er demnächst den großen Durchbruch schaffen wird. Versuche schnell, auf die Weihnachtskartenlisten der Stars von morgen zu kommen, bevor es zu spät ist!

WIE MAN SICH TOTAL COOL STYLT

Sich gegenseitig verrückt zu stylen macht unheimlich Spaß! Und man kann dabei toll mit seinem Aussehen experimentieren und total coole Looks ausprobieren.

HAARSTRÄUBENDE IDEEN

Bitte deine Freundin, sich auf einen Stuhl zu setzen, und stelle dich hinter sie. Zuerst sollte sie ihre Haare gut ausbürsten, um Knoten zu entfernen. Dann kannst du mit dem Styling beginnen. Hier ein paar Tipps:

Bei langen Haaren – je fülliger, desto besser. Toupiere einzelne Strähnen des trockenen Haares, um einen wilden, zerzausten Look zu erzielen.

Und so geht's: Nimm einen zwei bis drei Zentimeter dicken Haarstrang und halte ihn mit der einen Hand über den Kopf deiner Freundin. Nimm einen Kamm in die andere Hand und schiebe ihn etwa drei Zentimeter über dem Haaransatz ins Haar. Kämme das Haar vorsichtig in kurzen Strichen zur Kopfhaut hin, bis es sich aufbauscht. Achte darauf, nicht an den Haaren deiner Freundin zu zerren, um ihr nicht wehzutun. Mache dasselbe mit ein paar weiteren Strähnen des Oberkopfes. Zuletzt kämmst du die Deckhaare glatt über die toupierten Partien.

Bei kurzen Haaren – es lebe der »Stachel-Look«. Forme das feuchte Haar deiner Freundin mit Gel oder Haarwachs zu witzigen »Stacheln« und biege sie nach oben. Lasse die Haare dann trocknen. Zuletzt sprühst du reichlich Glitzerspray darüber.

Freundschaftstipp: Mit »Haar-Mascara« in grellen, kontrastreichen Farben kannst du sensationelle Strähnchen ins Haar deiner Freundin zaubern.

Warnung: Wenn du es dir mit deiner Freundin nicht verscherzen willst, solltest du auf keinen Fall zur Schere greifen und an ihren Haaren herumschnippeln. Das Haareschneiden überlasst ihr lieber den Erwachsenen.

SCHRILLE KLAMOTTEN

Bitte alle deine Freundinnen, einige Kleidungsstücke mitzubringen. Kreiert coole neue Outfits, indem ihr eure Stile vermischt und kombiniert. Hier ein paar Ideen:

Knallige Farben. Kombiniert möglichst farbenfrohe Teile, um ein absolut schrilles Outfit zu erhalten.

Verrückt nach Mustern. Karos, Streifen, Tupfen – mixt alles zusammen, um einen total abgefahrenen Look zu kreieren, sodass einem bei längerem Hingucken ganz schwindelig wird.

Mehr, mehr, mehr. Denkt an die Accessoires – je mehr, desto besser. Tragt deshalb jede Menge Arm- und Fußreifen, dicke Ringe, Ketten und klobige Ohrringe.

SKURRILES MAKE-UP

Vergiss den »natürlichen Look« – je schriller, desto besser! Frage deine Mutter, ob sie noch altes Make-up übrig hat, das ihr benutzen könnt. Oder sammle einfach die kostenlosen Proben, die oft in Zeitschriften kleben.

Atemberaubende Augen. Trage vorsichtig einen grellen Lidschatten auf die Augenlider deiner Freundin auf und verwische ihn bis ganz hoch zu den Augenbrauen. So erzielst du einen extremen, verruchten Look.

Bezaubernde Lippen. Betone die Lippen deiner Freundin mit einem Lippenstift in Knallrot oder grellem Pink. Oder tupfe nur in die Mitte ihrer Ober- und Unterlippe Lippenstift, dann sieht sie aus wie eine japanische Geisha.

Anmutige Wangen. Trage mit dem Pinsel Rouge auf die Wangen deiner Freundin auf. Du kannst zum Beispiel einen Goldbronzeton oder ein hübsches Rosa verwenden. Trage das Rouge in schwungvollen Bewegungen von den Wangen bis zum Haaransatz auf. Oder zaubere kleine rosa Kreise auf beide Wangen, um ein puppenhaftes Aussehen zu erzeugen.

DIE GROSSE OFFENBARUNG

Zuletzt zeigst du deiner Freundin das Ergebnis im Spiegel. Bereite dich auf ihre Racheaktion vor – sobald sie sich von ihrem Lachanfall erholt hat! Knipst jede Menge Fotos von euch, auf denen ihr so verrückt wie möglich ausseht. Viel Spaß dabei!

WIE MAN EINE GEHEIMSPRACHE ERFINDET

Mal ehrlich: Hin und wieder wäre eine Geheimsprache sehr hilfreich, sei es, weil der kleine Bruder an der Tür lauscht oder weil ihr über euren neuesten Schwarm redet. Wenn ihr verhindern wollt, dass euer privater Plausch zum Thema eines Schulskandals oder zum Tischgespräch in der Familie wird, könnt ihr nur eins tun: eine Geheimsprache verwenden!

RAFFINIERTE INITIALEN

Überlege dir gemeinsam mit deinen Freundinnen einige Codes. Die verwendet ihr dann immer, wenn ihr in der Öffentlichkeit über private Dinge sprecht. Eine schnelle und einfache Methode besteht darin, aus den Initialen der Person, über die ihr gerade sprecht, zwei verschiedene Wörter zu bilden.

Aus »Mark Pflüger« wird also »Monsieur Pferd«, und aus »Tim Kleinert« wird »Tomaten Ketchup«.

Auf diese Weise könnt ihr Identitäten streng geheim halten!

RÄTSELHAFTE UMSCHREIBUNGEN

Umschreibt Personen und Orte, ohne sie beim Namen zu nennen. Zur Schaukel im Park könntet ihr zum Beispiel »die herabhängenden Kettensitze« sagen. Der Süßwarenladen könnte bei euch zur »Quelle aller süßen und schönen Dinge« werden. Die Schule könntet ihr mit »Haus der totalen Verblödung« umschreiben. Und eure Eltern könnten »alte Truppe« oder »die Schlaumeier« heißen. Seid kreativ!

DAS GEHEIMSPRACHEN-WÖRTERBUCH

Verwendet die unten aufgelisteten Codes, um Erwachsene sowie alle, die nicht zu eurer Clique gehören, zu verwirren. So könnt ihr nach Herzenslust quatschen, ohne von Außenstehenden verstanden zu werden. Ergänzt die Liste mit so vielen Codewörtern, wie ihr wollt.

CODE	BEDEUTUNG	BEISPIEL
Delikat	Gut aussehend	»Alex sieht heute so delikat aus.«
Abseits	Toll	»Der Film war total abseits.«
Sellerie	Langweilig	»Die Schülerversammlung war so Sellerie.«
Eingelöst!	Na klar!	»Pommes zum Mittagessen? Eingelöst!«
Ausgeloggt	Auf keinen Fall	»Mein rosa Top anziehen? Ausgeloggt.«
Lass köcheln!	Beruhige dich	»Ist doch nicht so schlimm. Lass köcheln.«
....	....	....

WIE MAN IM FREUNDESKREIS FÜR DIE EIGENE SICHERHEIT SORGT

Egal, ob du mit alten Freundinnen um die Häuser ziehst oder mit neuen Freundinnen online chattest, du solltest auf deine persönliche Sicherheit achten. Beherzige die folgenden Tipps, um ganz auf Nummer sicher zu gehen.

✗ Gib beim Chatten keine persönlichen Daten von dir preis. Zu diesen gehören: vollständiger Name, Schule, Adresse (außer dem Wohnort) sowie Einzelheiten über deine Freundinnen. Falls dich jemand bedrängt oder dich gleich treffen will, logge dich sofort aus und erzähle davon einem Erwachsenen, dem du vertraust.

✓ Sei selbstbewusst. Lass dich nicht zu etwas verleiten, was du normalerweise nicht tun würdest, nur weil alle anderen es tun.

✓ Wenn du ausgehst, solltest du deinen Eltern genau sagen, wo du bist. Es geht nicht darum, dass sie Kontrolle über dein Leben haben, sondern dass sie wissen, wo du bist, falls du nicht zur vereinbarten Zeit heimkommst.

✗ Verwechsel nicht harmlosen Unfug mit grober Fahrlässigkeit. Alberne Spiele und Streiche sind okay. Aber lasse dich keinesfalls in Handlungen hineinziehen, die für dich oder andere gefährlich werden oder mit denen du dir Ärger einhandeln könntest. Da hört der Spaß nämlich auf!

✓ Vertraue deinem Instinkt, jenem »Bauchgefühl«, das dir sagt, ob etwas in Ordnung ist oder ob etwas nicht stimmt. Wenn dir dein Instinkt in einer bestimmten Situation sagt, dass du dich lieber verziehen oder einem Erwachsenen davon erzählen solltest, tu dies auf der Stelle.

ZEHN GRÜNDE, WARUM AUCH JUNGS GUTE FREUNDE SEIN KÖNNEN

Du denkst vielleicht, Jungs sind laut und sollten häufiger duschen, und machst deshalb einen großen Bogen um sie. Aber Jungs können wirklich super Freunde sein. Und hier erfährst du, warum:

Grund eins. Hast du ein Problem? Dann solltest du mit einem Jungen darüber sprechen – durch seine Meinung zu dem Thema siehst du die Dinge vielleicht plötzlich in einem ganz anderen Licht.

Grund zwei. Jungs sind toll für Abenteuer! Mit ihnen kann man besonders gut Hütten und Baumhäuser bauen und sich Hindernisläufe ausdenken.

Grund drei. Wenn ein Junge sauer auf dich ist, sagt er dir ins Gesicht, was los ist, statt zu schmollen oder dich wie Luft zu behandeln.

Grund vier. Jungs lassen sich fast immer breitschlagen, zum Zeitvertreib ein paar Mutproben zu absolvieren – und bestimmt fallen ihnen auch nette Mutproben für euch ein. Auf Seite 132 findest du ein paar Vorschläge.

Grund fünf. Jungs haben keine Angst davor, sich beim Spielen die Knie aufzuschlagen. Das ist super, wenn du auf Bäume klettern oder Breakdance lernen willst.

Grund sechs. Wenn du einen Jungen nett darum bittest, leiht er dir vielleicht sein altes Skateboard und bringt dir bei, wie man damit fährt. Ein echter Spaß!

Grund sieben. Es ist auch mal schön, jemanden zu haben, in dessen Gegenwart man nicht nur über Mode oder Jungs reden kann.

Grund acht. Jungs haben die besten Computerspiele und kennen oft die raffiniertesten Tricks und die kürzesten Wege zu geheimen Spielebenen. Einfach genial!

Grund neun. Sie können dir erstklassige Tipps geben, wie du dein Team auf dem Fußballfeld in Begeisterung versetzen kannst.

Grund zehn. Jungs können dir Insider-Informationen über deinen neuesten Schwarm liefern.

Freundschaftstipp: Ob du es glaubst oder nicht – auch Jungs haben Gefühle. Achte darauf, bei ihnen dieselben goldenen Regeln der Freundschaft anzuwenden wie bei deinen Freundinnen (siehe S. 33).

WIE MAN HERAUSFINDET, OB EINE FREUNDIN EIN WERWOLF IST

Tagsüber scheinen Werwölfe oft ganz normale Menschen zu sein. Nur bei Vollmond verwandeln sie sich in ihre Wolfsgestalt. Führt eine deiner Freundinnen womöglich ein Doppelleben als sagenumwobenes Ungeheuer? Auf folgende Anzeichen solltest du achten:

WAS FÜR DEN WOLF SPRICHT

- Das Zimmer deiner Freundin ist voller Tierhaare, aber ihr einziges Haustier ist ein Goldfisch.

- Jedes Mal, wenn Vollmond ist, bleibt deine Freundin unter den seltsamsten Vorwänden zu Hause und möchte sich nicht mit dir treffen. Am nächsten Tag wirkt sie auffallend müde, dafür dass sie angeblich früh ins Bett gegangen ist.

- Sie hasst es, in den Park zu gehen. Das Pfeifen nach Hunden bringt ihr Gehör völlig durcheinander, obwohl du selbst es gar nicht hörst.

- Ihre Haare und Nägel wachsen unheimlich schnell und müssten ständig nachgeschnitten werden.

- Ein Tag nach Vollmond steht ganz oft in der Lokalzeitung, dass in der Nacht ein seltsames, behaartes Wesen

gesichtet wurde, das durch einen Hof streifte. In der Zeitung ist auch ein unscharfes Bild von der Bestie abgedruckt. Du bist dir nicht ganz sicher, aber du könntest fast schwören, dass das Tier ... die pinkfarbenen Lieblingsturnschuhe deiner Freundin trägt!

• Wenn deine Freundin ihren Lieblingspopsong mitsingt, klingt es wie Geheul.

WAS DU TUN SOLLTEST

✗ Gerate nicht in Panik. Es gibt keinerlei Berichte darüber, dass je ein echter Werwolf entdeckt wurde, geschweige denn, dass er einen Menschen angegriffen hätte.

✓ Horte die Lieblingskekse deiner Freundin. Werwölfe lieben Süßigkeiten noch mehr als du.

✗ Erzähle niemandem von deinem Verdacht. Andere könnten deine Freundin deswegen hänseln oder dich für völlig übergeschnappt halten.

✓ Hebe sämtliche Gläser auf, die du nicht aufkriegst, bis deine Freundin vorbeikommt. Werwölfe sind unglaublich stark und sehr hilfsbereit.

Freundschaftstipp: Werwölfe sind die treuesten Freunde, die es gibt. Aber pass auf, dass sie dir nicht das Gesicht ablecken. Igitt!

LACHEN STRENG VERBOTEN!

Mit guten Freundinnen kann man herzhaft lachen. Aber manchmal ist es auch spaßig, wenn Lachen verboten ist. Das folgende Spiel ist ideal für den Beginn einer Party. Oder ihr könnt damit Leben in einen öden Nachmittag bringen.

Stellt euch alle im Kreis auf, sodass ihr euch gegenseitig anschauen könnt. Wählt eine Mitspielerin als »Smiley« aus: Sie hat die Aufgabe, zu lächeln. Alle anderen versuchen, eine möglichst ernste Miene aufzusetzen – Lachen streng verboten!

»Smiley« beginnt zu lächeln und zwar so strahlend wie möglich. Kurz darauf fasst sie sich mit der Hand ans Gesicht und streicht über ihr Lächeln, als würde sie das Lächeln »abnehmen«. Dann hört sie auf zu lächeln und macht wieder ein ernstes Gesicht. Sie »hält« ihr Lächeln in der Faust und »wirft« es einer anderen Mitspielerin zu. Diese muss das Lächeln »auffangen« und es ihrerseits »aufsetzen«. Nach einiger Zeit »nimmt« sie es ebenfalls wieder ab und »wirft« es jemand anderem zu. Und so geht es immer weiter.

Die einzige Spielregel ist, dass immer nur einer lachen darf. Fängt eine Mitspielerin zu kichern an, ohne dass sie ein Lächeln »zugeworfen« bekommen hat, disqualifiziert sie sich und muss den Kreis verlassen. Das Spiel ist schwieriger, als ihr denkt!

DAS BESTE LÄCHELN

Damit das Spiel besonders lustig wird, setze immer, wenn du mit dem Lächeln an der Reihe bist, ein dämliches Grinsen auf. Sperre die Augen weit auf und öffne den Mund, sodass alle Zähne zu sehen sind. Oder versuche, mit zusammengepressten Lippen, nur mit den Wangen zu lächeln. Probiere verschiedene Arten des Lächelns aus, um zu sehen, welches für die meisten Lacher sorgt.

WIE MAN EINER FREUNDIN VERZEIHT

Du und deine Freundin habt euch ernsthaft verkracht. Sie hat deine Gefühle zutiefst verletzt, und obwohl sie sich danach entschuldigt hat, kannst du dir nicht vorstellen, dich je wieder mit ihr zu versöhnen ... oder vielleicht doch? Hier erfährst du, wie du deine Freundschaft retten kannst, bevor es zu spät ist.

HABE DAS GESAMTBILD IM BLICK

Betrachte die Situation einmal aus der Distanz und denke eine Weile darüber nach, warum du so wütend auf deine Freundin bist. Das »Gesamtbild« eurer Freundschaft zählt: Statt ständig an den Streit zu denken und dich darüber zu ärgern, solltest du auf die gesamte Zeit, die ihr schon befreundet seid, zurückblicken und dir ein realistisches Bild von eurer Freundschaft machen.

Denke einmal darüber nach, warum ihr Freundinnen seid. Vielleicht seid ihr ja seit der Kindheit befreundet oder seitdem du in eine neue Schule gekommen bist. Erinnere dich an all die schönen Zeiten, die ihr miteinander hattet, und frage dich: »Ist es dieser Streit wert, dass wir deswegen unsere Freundschaft aufgeben?« Die Antwort lautet fast immer »Nein«.

SEI EHRLICH ZU DIR SELBER

Zwei Menschen, die sich sehr gut kennen, wissen natürlich auch ganz genau, wie sie sich gegenseitig verletzen können. Wenn du wegen etwas, was deine Freundin gesagt oder getan hat, sauer bist, frage dich, ob du dich irgendwann in der Vergangenheit ähnlich verhalten hast – ihr oder jemand anderem gegenüber. Es kann sehr schwer sein, ehrlich zu sich selbst zu sein, wenn man gekränkt ist. Aber wenn du erkennst, dass du selbst schon mal etwas Verletzendes getan hast, wirst du deiner Freundin eher verzeihen können.

MACHE REINEN TISCH

Falls sich deine Freundin entschuldigt, sage ihr genau, warum ihre Worte oder Taten dich verletzt haben. Dann wird ihr klar, wofür sie sich entschuldigt, und sie kann ihr Verhalten besser erklären. Höre ihr zu. Umarmt euch nach der Aussprache und dann könnt ihr wieder ein Herz und eine Seele sein.

VERZEIHE IHR UND HAKE DIE SACHE AB

Es ist sinnlos, deiner Freundin zu verzeihen, wenn du sie danach immer noch ständig an ihren Fehler erinnerst. Sobald sie sich entschuldigt hat und du die Entschuldigung angenommen hast, sollte die Sache abgehakt sein. Wenn du immer noch ständig darauf herumreitest, ist sie vielleicht irgendwann genervt davon und sucht sich eine andere Freundin.

Freundschaftstipp: Die Entscheidung, eine gute Freundin zu sein, muss man jeden Tag neu treffen. Manchmal fällt einem die Entscheidung leicht. Fühlt man sich gekränkt, ist es dagegen sehr viel schwieriger. Denk daran: Wenn ihr beide weiterhin Freundinnen sein wollt, steht euch absolut nichts im Weg.

MUTPROBEN FÜR GUTE FREUNDINNEN

Stell dir vor, es ist Sonntagnachmittag, es regnet, im Fernsehen läuft nur Blödsinn, und du hast aus lauter Langeweile sogar dein Zimmer auf- und umgeräumt! Um so schreckliche Langeweile zu vermeiden, musst du dir nur eine Freundin schnappen und mit ihr das Mutprobenspiel spielen. Und schon wird der Nachmittag zu einem ultimativen Abenteuer!

DIE REGELN

Die Regeln des Mutprobenspiels sind ganz einfach: Ihr stellt euch gegenseitig knifflige Aufgaben. Jede hat zwei »Aussetzer«. So könnt ihr auch mal eine Mutprobe ablehnen, wenn ihr sie nicht mögt. Also, überlegt es euch gut!

DIE MUTPROBEN

Hier habt ihr zehn Mutproben für den Anfang. Ihr könnt euch natürlich auch selber welche ausdenken.

Mutprobe eins. Ziehe alle deine Klamotten verkehrt herum an und gehe so in einen Laden.

Mutprobe zwei. Nimm einen Bissen von einem ungewöhnlichen Speisemix. Wie wäre es beispielsweise mit Schimmelkäse mit Banane, oder Müsli mit Ketchup, oder auch Bohnen in Schokopudding? Guten Appetit!

Mutprobe drei. Nimm eine Spinne oder ein anderes Insekt und halte es (behutsam!) eine volle Minute lang in deiner geschlossenen Hand.

Mutprobe vier. Gehe vors Haus und trällere lauthals ein schnulziges Liebeslied.

Mutprobe fünf. Renne auf den nächstbesten Jungen zu und küsse ihn blitzschnell auf die Wange, bevor er weiß, wie ihm geschieht.

Mutprobe sechs. Lass dir von deiner Freundin mit Schminke (zum Beispiel mit einem Lippenstift) deinen Namen auf die Stirn schreiben und spaziere so einmal um den Block herum.

Mutprobe sieben. Versuche, ein Glas Wasser zu trinken, während du auf dem Kopf stehst.

Mutprobe acht. Stelle deinen Teller mit Essen auf den Boden und iss davon wie ein Hund.

Mutprobe neun. Behandle alle, die dich in der nächsten Viertelstunde ansprechen, wie Luft, einschließlich deiner Eltern.

Mutprobe zehn. Gehe nach draußen und gieße dir einen Becher eiskaltes Wasser über den Kopf.

Freundschaftstipp: Denkt daran: Spiele sollen Spaß machen. Handhabt es deshalb ganz locker und zwingt niemanden zu etwas, was er nicht tun möchte!

WIE MAN NEUE FREUNDE FINDET

Vielleicht bist du vor Kurzem in eine neue Stadt gezogen. Oder es fällt dir einfach schwer, nette Leute kennenzulernen, mit denen du rumhängen kannst. Wenn du die folgenden Ratschläge beherzigst, wirst du bald mühelos mit anderen in Kontakt kommen. Und wer weiß – vielleicht findest du ja sogar eine neue beste Freundin!

HALTE IN DER NACHBARSCHAFT AUSSCHAU

Vielleicht hast du in eurer Nachbarschaft ein paar Jugendliche gesehen, aber du weißt nicht, wie du mit ihnen ins Gespräch kommen könntest. Frage in diesem Fall deine Eltern, ob du zu ihnen hinausgehen darfst, und mache dann in der

Nähe der Jugendlichen irgendetwas, was ihre Aufmerksamkeit erregen könnte – zum Beispiel Inline skaten oder Fahrrad fahren. Wenn sie Interesse zeigen, könntest du sie fragen, ob sie eine Runde mit deinen Inlinern oder deinem Fahrrad drehen möchten. Lächle einfach und sei nett, dann kommst du in null Komma nichts mit ihnen in Kontakt!

MACHE DICH INTERESSANT

Wer viele Hobbys und Interessen außerhalb der Schule hat, findet schnell neue Freunde. Klubs und Vereine sind ideal, weil man dort oft in Gruppen oder Teams eingeteilt wird. Ganz gleich, wofür du dich interessierst, du findest bestimmt etwas Passendes. Es gibt viele Möglichkeiten: von Basketball über Theaterspielen bis hin zu Musik. Oder du fragst deine Eltern, ob du in den örtlichen Jugendklub oder zu den Pfadfinderinnen gehen darfst.

SEI FREUNDLICH

Wer Freundlichkeit ausstrahlt, weckt Sympathien. Hier erfährst du, was du tun kannst, damit sich die Leute gerne mit dir unterhalten.

✗ Schaue nicht auf den Boden oder auf deine Schuhe. Dort findest du garantiert keine neuen Freunde!

✓ Lächle und halte Blickkontakt zu anderen.

✓ Sag »Hallo«. Es klingt zwar banal, aber schon durch einen einfachen Gruß kannst du mit jemandem ins Gespräch kommen.

✗ Stehe nicht mit verschränkten Armen da. Dadurch wirkst du verschlossen und abweisend.

✓ Stehe gerade, die Hände in den Taschen oder seitlich am Körper. So wirkst du entspannt, selbstbewusst und zu Späßen aufgelegt.

✗ Verzweifle nicht, wenn du nicht sofort Freunde findest. Vielleicht klappt es nicht auf Anhieb. Aber irgendwo da draußen sind sie, deine neuen Freunde, und sie können es kaum erwarten, dich kennenzulernen!

WIE MAN EINER BRIEFFREUNDIN SCHREIBT

Um miteinander befreundet zu sein, braucht man nicht unbedingt in derselben Stadt, ja nicht einmal im selben Land zu leben. Brieffreunde kann man allein durchs Briefeschreiben sehr gut kennenlernen. Heutzutage haben die meisten Menschen über Telefon und E-Mail Kontakt. Aber es ist auch wahnsinnig spannend, wenn ein an dich adressierter Umschlag aus der Ferne im Briefkasten steckt, oder?

DIE SUCHE

Frage einen Lehrer oder eine Lehrerin deiner Schule, ob er oder sie Kontakt mit einer Schule in einem anderen Teil Deutschlands aufnehmen könnte, um herauszufinden, ob es dort Schüler gibt, die Interesse an einem Briefwechsel mit deiner Klasse hätten. Falls du Pfadfinderin bist, kann deine Leiterin dir vielleicht eine andere Pfadfindergruppe vermitteln, mit der du dich austauschen kannst.

Es gibt auch Organisationen, die Brieffreunde vermitteln. Oft sind es junge Leute aus dem Ausland, die ihr Deutsch verbessern wollen. Bitte einen Erwachsenen, im Internet Einzelheiten über diese Organisationen herauszufinden.

GREIFE ZUR FEDER

Okay, du hast eine Brieffreundin gefunden. Was könntest du ihr nun schreiben? Auf ein leeres Briefpapier zu starren, kann entmutigend sein. Befolge deshalb diese Top-Tipps, dann wirst du in null Komma nichts zur perfekten Briefeschreiberin!

Anrede und Briefkopf. Nimm einen Bogen Briefpapier und schreibe in die rechte obere Ecke deinen Namen und deine Adresse. Darunter schreibst du das aktuelle Datum. Auf die linke Seite des Blattes schreibst du »Liebe *Name deiner Brieffreundin*«, danach kommt ein Komma.

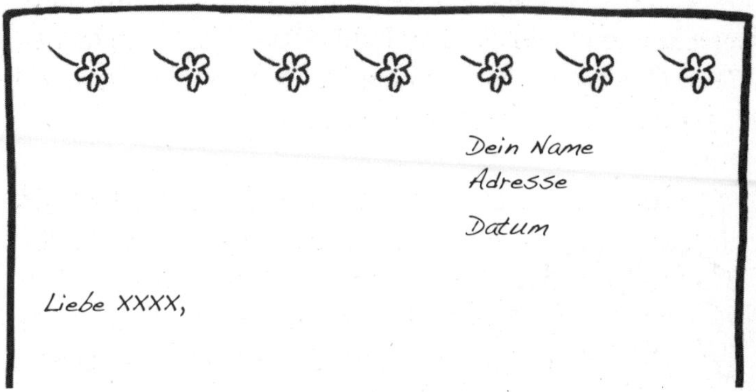

Absatz eins. Falls deine Brieffreundin dir bereits geschrieben hat, bedankst du dich erst einmal für ihren Brief. Dann stellst du dich vor. Schreibe, wie du heißt, wie alt du bist und wo du zur Schule gehst. Vielleicht möchtest du ihr etwas über deine Familie erzählen, zum Beispiel ob du Geschwister hast. Am Schluss des Absatzes stellst du ihr eine Frage, etwa: »Hast du Geschwister?«

Absatz zwei. Erzähle deiner Brieffreundin irgendetwas Interessantes, was du in letzter Zeit gemacht hast. Zum Beispiel: »Letzten Samstag haben ein paar Freundinnen bei mir übernachtet. Wir haben um Mitternacht ein kleines Festmahl aufgetischt und hatten viel Spaß! Was machst du so am Wochenende?«

Absatz drei. Verrate deiner Brieffreundin ein Geheimnis oder etwas total Cooles über dein Leben. Zum Beispiel: »Meine besten Freundinnen heißen Julia und Jennifer. Wir gründen unsere eigene Band und nennen uns die Glamour Stars. Wie heißen deine besten Freundinnen?«

Absatz vier. Im letzten Absatz solltest du zum Schluss kommen. Schreibe deiner Freundin, wie sehr du dich darauf freust, von ihr zu hören, und frage sie noch irgendetwas, was du gerne über ihr Leben erfahren würdest.

Gruß. Beende den Brief mit »Tschüss«, »Ciao«, »Liebe Grüße« oder Ähnlichem, gefolgt von einem Komma. Dann unterschreibst du mit deinem Namen.

SCHICKE DEN BRIEF AB

Bevor du deinen Brief faltest und in einen Umschlag steckst, prüfe noch einmal nach, ob du deine Adresse richtig geschrieben hast. Korrigiere es, falls nötig. Stecke dann den Brief in den Umschlag und klebe ihn zu.

Schreibe den Namen und die Adresse deiner Freundin vorne auf den Umschlag und klebe eine Briefmarke in die rechte obere Ecke. Jetzt kannst du dein Werk abschicken und darauf hoffen, in wenigen Tagen oder Wochen einen Antwortbrief voller aufregender Neuigkeiten in den Händen zu halten!

Freundschaftstipp: Falls deine Brieffreundin im Ausland lebt, solltest du bei der Post fragen, wie viele Briefmarken du auf deinen Brief kleben musst. Etwas ins Ausland zu verschicken, ist manchmal teurer, vor allem nach Übersee.

DREI SPIELE GEGEN LANGEWEILE

Selbst die größten Spaßvögel haben hin und wieder einen schlechten Tag. Wenn euch einmal alles anödet, könnt ihr euch mit diesen schnellen und spaßigen Spielen die Langeweile vertreiben!

DAS DIALEKT-SPIEL

Dieses Spiel solltet ihr an einem öffentlichen Ort spielen, wo ihr mit vielen Menschen zu tun habt, etwa im Café, im Bus oder im Fitnessstudio. Wählt irgendeinen Dialekt, zum Beispiel bayerisch oder sächsisch, mit dem ihr einigermaßen vertraut seid. Vor Spielbeginn solltet ihr den Dialekt gut üben, damit er euch leichter über die Lippen kommt. Ziel des Spiels ist es, in der Öffentlichkeit einen fremden Dialekt zu verwenden, ohne dass jemand die »Täuschung« bemerkt. Ihr müsst dabei ernst bleiben, sonst funktioniert das Spiel nicht. Streut am besten irgendein realistisch wirkendes Detail ein. In einer Bibliothek könntest du beispielsweise deiner Freundin zuraunen: »Bei uns in München darf man immer nur ein Buch ausleihen.« Probiert aus, wie lange ihr den Schein wahren könnt!

AUTO-BINGO

Auto-Bingo ist ein genialer Zeitvertreib für eine lange Auto- oder Busfahrt, etwa bei einem Klassenausflug. Bereite vor der Abfahrt die Bingokarten vor (siehe unten), für jede Freundin eine. Jede Mitspielerin bekommt eine Karte und einen Stift. Immer wenn du eines der auf der Karte genannten Dinge siehst oder hörst, rufst du es laut. Sobald alle anderen es ebenfalls bemerkt haben, kannst du es auf deiner Karte durchstreichen. Wer zuerst alle Felder auf seiner Karte durchgestrichen hat, ruft laut »Bingo!« und hat gewonnen.

Lehrer/Eltern machen »Pssst!«	Ein Kreisverkehr.	Ein weißer Lieferwagen überholt uns.	Ein Handy klingelt.
Ein Pferd auf einer Koppel.	Werbung im Radio.	Ein Café am Straßenrand.	Eine Tankstelle.

DAUMENKRIEG

Daumenkrieg ist ein Spiel für zwei Personen. Streckt beide eure rechte Hand nach vorn, als wolltet ihr euch die Hand reichen. Krümmt die Finger und hakt sie ineinander. Den Daumen streckt ihr hoch. Nun sprecht ihr gemeinsam den folgenden Vers: »Eins, zwei, drei, vier, den Daumenkrieg erklär ich dir. Fünf, sechs, sieben, acht – pass gut auf, was dein Daumen macht!« Versuche nun, den Daumen deiner Freundin unter deinen zu drücken, ohne euch an den Fingern loszulassen. Sobald du das geschafft hast, sagst du: »Eins, zwei, drei, vier, der Sieg gehört mir!« Du hast gewonnen, wenn es dir gelingt, den Daumen deiner Freundin so lange unten zu halten, bis du den Reim fertiggesprochen hast. Wenn dir der Daumen entgleitet, geht das Spiel weiter!

WIE MAN EINE GIRLBAND GRÜNDET

Wenn du Musikfan bist, solltest du unbedingt mit deinen Freundinnen eine Girlband gründen. Gemeinsam zu proben und Songs zu schreiben, macht super viel Spaß! Und vielleicht ergeben sich ja daraus öffentliche Auftritte oder ihr nehmt an Wettbewerben teil. Und wer weiß – vielleicht werdet ihr sogar Superstars! Aber eins nach dem anderen.

DER MUSIKSTIL

Zuerst solltet ihr euch überlegen, was für eine Girlband ihr sein wollt. Seht ihr euch als Rockband, die auf der Bühne voll abgeht, mit Gitarren und Schlagzeug? Oder eher als Pop-Prinzessinnen mit einem atemberaubenden Styling?

ROCKSTARS

Wenn ihr euch für ein Rockstar-Image entscheidet, wollt ihr wahrscheinlich selbst die Instrumente spielen. Musikinstrumente können jedoch sehr teuer sein. Wenn keine von euch eins der nötigen Instrumente besitzt, fragt eure Lehrerin, ob es an der Schule eine Möglichkeit für euch gibt, die Instrumente zu leihen.

In der Zwischenzeit solltet ihr an eurem wichtigsten Instrument arbeiten, nämlich an euren Stimmen. Singt so oft wie möglich a cappella. Das bedeutet, ihr singt gemeinsam oder auch allein, aber ohne Instrumente. Durch das A-cappella-Singen könnt ihr eure Stimmen aufeinander einstimmen und es kostet keinen Cent. Bei den meisten Talentshows müssen die Kandidaten sowieso in den ersten Runden a cappella singen. Gewöhnt euch also am besten schon jetzt daran, dann könnt ihr, wenn es so weit ist, die Jury gewaltig beeindrucken!

DANCING QUEENS

Wenn ihr charttaugliche Pop-Hits singen wollt, ist es nicht wichtig, dass ihr Instrumente spielt. Viel wichtiger sind ein paar heiße Tanzeinlagen und ein perfekter Gesang. Schaut euch zur Inspiration jede Menge Musikvideos an. Überlegt euch, ob es in eurer Band eine Lead-Sängerin und ein paar brillante Background-Sängerinnen geben soll oder ob ihr abwechselnd den Solo-Part übernehmt.

Eure Tanzbewegungen sollten zum Charakter des Songs passen. Wenn ihr ein schnelles, rhythmisches Lied präsentiert, könntet ihr ein paar energiegeladene Hip-Hop-Moves einbauen. Bei einem ruhigen Lovesong kommt es super gut, wenn ihr alle nebeneinander steht und nur kleine, aber effektvolle Bewegungen macht, zum Beispiel mit den Fingern einer Hand im Rhythmus der Musik schnippen oder Ähnliches.

Stellt euch immer vor, ihr würdet vor einem großen Publikum auftreten, auch wenn ihr nur im stillen Kämmerlein probt! Vergesst auch nicht, ein paar Bewegungen einzustudieren, mit denen ihr das Publikum zum Tanzen bringen könnt. Schwenkt zum Beispiel die Arme über dem Kopf oder klatscht im Takt der Musik, um die Leute zum Mitmachen zu animieren.

MACHT EUER EIGENES DING

Das Allerwichtigste für jede Girlgroup ist Eigenständigkeit. Egal, ob ihr selbst geschriebene Songs oder eine eigene Version eines aktuellen Top-Hits präsentiert – bringt unbedingt euren eigenen Stil und eure eigene Persönlichkeit in die Stücke ein. Für so eine Einzigartigkeit werden euch die Leute lieben!

Macht euch Gedanken über die verschiedenen Persönlichkeiten innerhalb der Band. Versucht, durch Klamotten und Bühnenshow den individuellen Typ der einzelnen Bandmitglieder zur Geltung zu bringen. Falls eine deiner Freundinnen besonders hübsch und niedlich ist, könnte sie zum Beispiel auf der Bühne viel Pink tragen und als Teil ihrer Show dem Publikum Küsse zuwerfen.

Freundschaftstipp: Triff dich regelmäßig mit deinen Bandkolleginnen, um tolle neue Song- und Tanzideen auszubrüten und um sicherzugehen, dass jede mit ihrer Rolle in der Band zufrieden ist.

WIE EINE FREUNDSCHAFT EIN GANZES LEBEN LANG HÄLT

Im Moment seid ihr die besten Freundinnen, aber wie sieht es in Zukunft aus? Hier erfahrt ihr, wie ihr die Freundschaft euer ganzes Leben lang erhalten könnt.

FREUNDE FÜRS LEBEN

Versprecht, da zu sein. Wählt einen Ort aus, der eine besondere Bedeutung für euch hat, und vereinbart, euch dort regelmäßig alle fünf Jahre am 1. August um 18 Uhr (oder an einem Datum, das eine Bedeutung für euch hat) zu treffen!

Akzeptiert die Tatsache, dass die Zeit nicht stehen bleibt. Wenn ihr älter werdet, verändert ihr euch. Es kann sogar sein, dass ihr euch in völlig verschiedene Richtungen entwickelt. Akzeptiert es einfach, dann kann es eure Freundschaft sogar festigen und bereichern, statt ihr zu schaden.

Denkt an eure Geburtstage. Vergesst auf keinen Fall, euch gegenseitig zum Geburtstag zu gratulieren. Kauft euch einen Geburtstagskalender und tragt eure Geburtstage dort ein, dann gibt es fürs Vergessen keine Ausrede mehr!

Gebt nicht wegen eines Jungen die Freundschaft auf. Denkt daran: Schwärmereien kommen und gehen, Freunde dagegen sind immer für dich da.

Neu heißt nicht besser. Es gibt ein altes Sprichwort: »Gewinne neue Freunde, aber vergiss die alten nicht, denn die einen sind Silber und die anderen Gold.« Denkt immer daran.

Verlernt das Lachen nicht. Wenn der Ernst des Lebens beginnt, bringt euch möglichst oft gegenseitig zum Lachen!

Entfernung ist kein Thema. Wenn eine von euch woanders hinziehen muss, besucht euch so oft wie möglich in den Ferien.

Greift zur Feder. Bleibt in Kontakt, indem ihr euch gegenseitig schreibt und Fotos schickt, auch wenn eine von euch Tausende von Kilometern weit weg ziehen sollte. Ihr könnt das auf dem Postweg oder übers Internet machen. Es gibt jedenfalls keinen Grund, die Freundschaft einschlafen zu lassen.

Freundschaftstipp: Verzeihe deiner Freundin, wenn sie dich hin und wieder mal vergisst. Wenn ihr älter werdet und eigene Familien habt, werdet ihr eine Menge um die Ohren haben. Da kann es schon mal vorkommen, dass man es nicht immer schafft, sich zeitnah zurückzumelden. Aber solange ihr euch um Kontakt bemüht, wird die Freundschaft halten!

EIN FREUNDSCHAFTSKUCHEN FÜR DIE EWIGKEIT

Du kannst jederzeit mit deinen Freundinnen leckere Kuchen verspeisen. Aber dieser Kuchen ist etwas Besonderes: Er wächst mit eurer Freundschaft mit, sodass ihr ihn jahrelang in eurem Freundeskreis herumreichen könnt. Wie eine Freundschaft muss auch er gehegt und gepflegt werden, aber das Ergebnis ist definitiv die Mühe wert!

Du brauchst dafür:

Tag eins:

• 100 g Mehl • 225 ml Wasser
• 1/2 Tütchen Trockenhefe

Tag zwei und Tag sieben:

• 100 g Mehl • 225 ml Wasser
• 200 g Streuzucker

Tag zwölf

• 1 geschlagenes Ei • 125 g Mehl
• 1/2 Teelöffel Natron • 100 ml pflanzliches Öl • 1 Teelöffel Backpulver • 1/2 Teelöffel Salz
• 1 Teelöffel Vanilleextrakt • 5 sehr reife, zerdrückte Bananen

TAG EINS

1. Gib das Mehl in eine kleine Schüssel und füge die Hefe dazu. Verrühre es gut, anschließend gibst du das Wasser dazu. Decke die Schüssel locker mit Folie ab und stelle sie für 24 Stunden beiseite (nicht in den Kühlschrank). Dies ist deine Grundmischung.

TAG ZWEI

2. Nimm die Folie von der Schüssel und gib die für Tag zwei genannten Zutaten – Mehl, Wasser und Zucker – hinzu. Gut umrühren, bis das Mehl vollständig untergemischt ist. Decke die Schüssel mit Folie ab und stelle sie in den Kühlschrank.

JEDEN TAG VON TAG DREI BIS SIEBEN

3. Nimm die Schüssel aus dem Kühlschrank, entferne die Folie und rühre deine Grundmischung gut um. Lege die Folie wieder darüber und stelle das Ganze in den Kühlschrank.

TAG SIEBEN

4. Wiederhole die Schritte **2** und **3**.

TAG ZWÖLF

5. Bitte einen Erwachsenen, den Ofen auf 180 Grad vorzuheizen.

6. Fette eine circa 23 x 13 cm große Kastenform ein, indem du ein Stück Küchenpapier in etwas Butter tunkst und die Form innen mit Butter ausreibst, bis sie vollständig mit Fett bedeckt ist.

7. Nimm deine Grundmischung aus dem Kühlschrank und rühre sie gut um. Messe mit einem Messbecher 300 ml der Masse ab und fülle diese Menge in eine große Rührschüssel. Den Rest der Grundmischung stellst du wieder in den Kühlschrank.

8. Füge die restlichen Zutaten für Tag zwölf dazu und rühre alles mit einem Holzlöffel gut um, bis es gründlich vermischt ist und keine Mehlklumpen mehr zu sehen sind. Bananenklümpchen machen nichts aus. Im Gegenteil: Dadurch schmeckt der Kuchen erst richtig lecker.

9. Gib die Mischung in die gefettete Form und bitte einen Erwachsenen, sie für 35 Minuten in den Ofen zu stellen.

10. Bitte nach Ablauf der Zeit einen Erwachsenen, den Kuchen aus dem Ofen zu holen und ihn zum Abkühlen beiseitezustellen. Nun könnt ihr euch den Freundschaftskuchen zum Nachmittagskaffee oder -kakao schmecken lassen!

11. Nimm den Rest deiner Grundmischung aus dem Kühlschrank und teile ihn in drei gleich große Portionen. Eine davon behältst du für dich zurück, die anderen beiden füllst du in zwei saubere Glas- oder Kunststoffbehälter mit Deckel.

12. Gib die Behälter zwei Freundinnen und bitte sie, die Schritte 2 bis 11 auszuführen. Da sie die fertige Grundmischung von dir bekommen, können sie Schritt 1 komplett auslassen. Bald werden auch sie einen köstlichen Freundschaftskuchen backen können und ihrerseits etwas Grundmischung an andere Freundinnen weitergeben.

13. Backe mit deiner eigenen, übrig gebliebenen Grundmischung erneut einen leckeren Kuchen (wieder, indem du die Schritte 2 bis 11 befolgst), dann wirst du schon bald weitere Grundmischungen zum Weiterverschenken haben.

Freundschaftstipp: Warum nicht mit verschiedenen Zutaten experimentieren? Ersetze die zerdrückte Banane zum Beispiel durch Apfelstückchen und Rosinen oder sogar Schokosplitter und Nüsse. Gehe behutsam mit deiner Grundmischung um, dann hält sie jahrelang!

WIE MAN MIT DEN EIGENEN ELTERN FREUNDSCHAFT SCHLIESST

Denk mal darüber nach: Nur deine allerbeste Freundin kennt dich noch besser als deine Eltern. Und die können einem viele tolle Dinge beibringen. Du wirst feststellen, dass sie dir viel mehr Freiheiten lassen, wenn ihr euch besser versteht. Mit diesen nützlichen Ratschlägen kannst du deine Eltern zu deinen Freunden machen.

Bitte deine Eltern, dir etwas beizubringen. Alle Erwachsenen fühlen sich gerne als Experten auf irgendeinem Gebiet. Das ist deine Chance, einige coole neue Dinge von deinen Eltern zu lernen! Und vielleicht kommt ihr euch dabei sogar näher.

Erzähle ihnen von deinem Tag. Fragen beantworten zu müssen, wenn man gerade entspannen will, kann ziemlich nervig sein. Das kannst du vermeiden, indem du deinen Eltern unaufgefordert ein bisschen was von deinem Tag erzählst. Dann hast du umso schneller Zeit, um mit Freundinnen zu telefonieren, zu lesen oder einfach nur faul zu sein! Es braucht gar nichts Besonderes zu sein. Erzähle ihnen einfach von einem neuen Spiel, das ihr in der Pause gemacht habt, oder wie gut dir euer neues Klassenprojekt gefällt.

Finde heraus, wie deine Eltern ticken. Genau wie du haben auch deine Eltern eigene Interessen, Vorlieben und Abneigungen. Finde heraus, was zum Beispiel die Lieblingsmusik deines Vaters ist. Vielleicht entdeckst du ja irgendwelche coolen Retro-Bands, auf die ihr beide abfahrt. Versuche herauszufinden, wofür sich deine Eltern interessieren. So erfährst du mehr über sie und kommst besser mit ihnen klar.

WIE MAN EINE TAUSCHBÖRSE ABHÄLT

Wenn du nicht mehr genug Taschengeld für eine ausgedehnte Shopping-Tour übrig hast, ist eine Tauschbörse eine tolle Möglichkeit, kostenlos zu ein paar neuen Lieblingssachen zu kommen. Außerdem macht es irre Spaß! Denk daran: Was dem einen nichts wert ist, kann manch anderer gut gebrauchen.

DREI BIS VIER WOCHEN VORHER

Bitte deine Eltern um Erlaubnis und verschicke dann Einladungen an deine Freundinnen, die ungefähr so aussehen könnten:

Du bist eingeladen zu:

Annas Tauschbörse!

Datum: 11. November
Ort: Bei Anna zu Hause
Zeit: 11 Uhr

Bitte bringe eine Tasche oder Kiste mit deinen alten Klamotten, Büchern, CDs und allem anderen mit, was du tauschen möchtest!

ZWEI WOCHEN VORHER

Beginne, deine eigenen Tauschobjekte zusammenzutragen. Beschädigte Sachen kommen wahrscheinlich nicht besonders gut an. Aber Kleidungsstücke, die dir nicht mehr gefallen oder aus denen du herausgewachsen bist, sind vielleicht für eine deiner Freundinnen genau das Richtige. Jeder hat schließlich eine andere Größe und Figur – und natürlich auch einen anderen Geschmack. Es kann also durchaus sein, dass deine abgelegten Klamotten das Traum-Outfit deiner Freundin werden! Du kannst auch ältere Geschwister oder Freundinnen fragen, ob sie etwas haben, das sie gerne spenden würden. Vielleicht sind ja ein paar wirklich coole Teile dabei!

EIN TAG VORHER

Sorge dafür, dass ihr im Haus genügend Platz habt, um ungestört eure Tauschbörse abhalten zu können. Kaufe oder bereite ein paar Snacks vor, falls euch zwischendurch mal der Magen knurrt (siehe z.B. S. 42).

AM TAG DER TAUSCHBÖRSE

Breite deine eigenen Tauschobjekte auf dem Boden oder einem Tisch aus. Wenn deine Freundinnen kommen, können sie ihre Sachen ebenfalls dort hinlegen. Dann ist die Tauschbörse eröffnet!

Nun kannst du in der Gruppe herumgehen und jede Freundin bitten, ihre Sachen zu präsentieren. Und wer etwas davon haben möchte, soll laut rufen. Oder eure Tauschbörse ist eine Art kostenloser Flohmarkt: Jeder geht herum und nimmt sich, was ihm gefällt. Ihr könnt eine Gästetoilette oder den Bereich hinter einer Tür als Umkleidekabine benutzen, falls sich jemand geniert, sich vor den anderen umzuziehen.

DIE REGELN DER TAUSCHBÖRSE

- Jeder darf nur eine Tasche voll Sachen mit nach Hause nehmen – Habgier ist tabu.

- Es ist nicht erlaubt, vor der offiziellen Eröffnung der Tauschbörse heimlich Sachen zu reservieren.

- Keine abfälligen Bemerkungen über abgelegte Kleidungsstücke der anderen! Auch wenn du sie schrecklich findest – Geschmäcker sind verschieden.

- Wenn zwei Personen dasselbe haben wollen, gibt die ursprüngliche Besitzerin es derjenigen Person, die ihr etwas Passendes zum Tausch anbietet.

Freundschaftstipp: Probiere unbedingt alles, was dir gefällt, an. Es ist schließlich nicht Sinn der Sache, dass du noch mehr schlecht oder gar nicht passenden Klamotten zu Hause hast, nachdem du gerade erst eine ganze Ladung losgeworden bist.

TAUSCHT BIS ZUM GEHTNICHTMEHR

Hurra! Du hast bestimmt mindestens ein vollständiges »neues« Outfit sowie noch viele »neue« Dinge mehr ergattert. Übrig gebliebene Sachen könnt ihr der Altkleidersammlung in eurer Gegend spenden.

296 Seiten, ISBN 978-3-570-13497-9